땅 투자
뜨거운 가슴으로 하라

부동산 해법
작은 땅에서 모색하라

땅 투자 뜨거운 가슴으로 하라

초판인쇄	2017년 4월 15일
초판발행	2017년 4월 20일
지은이	노형준 김현기
발행인	조현수
펴낸곳	도서출판 더로드
마케팅	최관호 조원호 신성웅
표지&편집 디자인	오종국 Design CREO
ADD	경기도 고양시 일산동구 백석2동 1301-2 넥스빌오피스텔 904호
전화	031-925-5366~7
팩스	031-925-5368
이메일	provence70@naver.com
등록번호	제2015-000135호
등록	2015년 06월 18일
ISBN	979-11-87340-26-3-03230

정가 15,000원

땅 투자
뜨거운 가슴으로 하라

부동산 해법
작은 땅에서 모색하라

노형준 김현기 지음

도서출판 **더 로드**
The Road Books

"땅은 세월이 갈수록 환금화 진행이 수월하다"

향후, 토지시장이 더 넓어질 것으로 보인다.
집의 입지가 좁아진 탓도 있지만 장수시대를 살면서 재테크는 필수, 대다수 서민이
손을 댈 만한 소액투자의 전형인 땅이 제격인 것이다.

땅값이 좀처럼 떨어지기 힘든 이유가 있다.

집 대비 땅의 환금성은 몹시 떨어지는 편이지만 땅값이 떨어지는
건 아니다. 환금성이 떨어지는 이유가 단순히 땅값 하락 때문은 아닌
것이다. 실물, 실체가 없는 미완의 부동산이다 보니 외부세력과 주변
변수 의존도가 높아 상대적으로 지상물 대비 환금화 진행 중 장애물을
만날 수 있는 여지가 큰 것이다. 그러다 보니 싼 땅이 환금성이 높은
경우도 다반사. 하수들이 몰린다. 고수는 땅 가치에 투자하지만 하수
는 땅 가격에 투자하기 때문이다. 싼 맛에 장기 보유하겠다는 하수가
많다. 보유의 개념으로 움직이는 것이다. 대운을 바라는 수동적 투자
방도이다. 토지경매 인기가 높은 이유 중 하나다. 외부세력에 예민한

반응을 보이는 게 땅이다. 가치와 무관하게 땅값이 떨어지는 일은 드물다. 집값 불안지역 찾기는 쉽지만(예-깡통전세 만연) 땅값 불안지역 찾기는 쉽지 않다.

(공간상태가 아닌) 땅의 일부가 도로이다. 크건 작건 도로 하나가 생기면 인근 땅들은 웃는다. 예민하다. 도로(땅에 예속)를 밟고 사는 게 인간 아닌가. 도로 위에 건물이 생기고(지상물) 도로 위에 사람들이 이동한다(인물). 땅값 이동현상이 일어난다. 환금화가 버거운 땅 입장에선 하락세 걷기가 쉽지 않다. 내려갈 공간(기세)이 없는 것이다. 미분양이라는 말은 주택 등 공간이 있는 부동산에 해당한다. 미공간의 땅은 미분양, 공급과잉의 대상물이 될 수 없기 때문이다. 인근 공간(지상물)상태에 따라 땅값이 이동하는지라 큰 변수가 없는 한 땅 가치와 별개로 땅값이 하락구도를 걷는 경우는 극히 드물다.

새 집과 헌 집은 존재한다. 그러나 새 땅과 헌 땅은 존재할 수 없다. 자연이 곧 땅 아닌가. 집은 세월이 갈수록 노후화 진행이 빠르다. 가치와 가격하락의 우려가 크다. 노후화 된 집보단 새 집을 선호한다. 삶의 질을 생각 안 할 수 없기 때문이다. 빌라의 예를 보더라도 오래된 빌라보단 신축빌라에 눈독 들이는 게 예사. 가격 대비 성능이 좋아서 일 거다. 가성비가 높다. (새 빌라 대비 헌) 빌라의 환금성이 낮은 이유 중 하나다. 땅은 세월이 갈수록 환금화(변화) 진행이 수월하다. 장고 끝에 호수 둘 수 있다. 가치를 의심 받지 않는다. 집의 다양화와 무관치 않다. 집과 땅은 공존한다. 의식주 중 주가 곧 집 아닌가. 住가 主. 집 속에 대지에 대한 지분, 즉 지상권이 존속한다. 땅과 집은 분리될 수 없다. 단독주택의 경우, 대지와 건물부분이 외부적으로 크게 노출된다. 투명하다.

땅과 집의 차이점은 다양하다. 그 중 특별한 경우의 수가 있다. 헌집은 존재하나, 헌 땅이라는 말은 통용될 수 없다는 것이다. 역시 미완의 부동산이 땅이기 때문이다. 완성물이 되고 나서 가격이 뛴다. 기대감 면에서 집 대비 땅이 크다. 높다. 잠재성이 숨어 있는 것이다. 추후, 잠재성이 외부로 발현한다. 건축물이 들어서면서 변수가 다양하게 분출하는 것이다. 땅값이 떨어지는 이유보단 땅값이 오르는 이유가 더 많다. 땅은 장점이 결점보다 훨씬 많다. 그 덕분에 땅값을 일방적으로 지주가 창궐하는 구조를 이룬다. 그런 입장이다. 특별한 가격선이 없다 보니 지주가 정한 값이 시세가 되기도 한다. 땅값에 지주의 자존심이 들어간다.

100세 시대가 아닌, 장수시대. 사람의 수명이 길어지면서부터 장기투자종목을 대표하는 땅의 인기가 높아지고 있다. 오래살다보니 재테크는 필수덕목이 되었다. 오래살다보니 땅 투자 연령대가 다양화 되고 있다. 20대 투자자도, 70대 이상의 노인분들 중에도 투자자가 급증세다. 소액장기투자종목인 땅은 장수시대에 서민에게 딱 맞는 재화다.

땅 투자자가 지녀야 할 4가지 힘이 있다.

(1) 정보력

(2) 자금력

(3) 자제력

(4) 인내력

땅 투자자가 반드시 지녀야(지켜야) 할 4가지 힘(능력)이다. 이 중 한 가지라도 생략한다면 만족도 높은 성공 투자의 길을 걷기 힘들 것이다.

정보력 – 개별적으로 개발가능성과 개발 타당성을 진지하게 견지할 수 있는 정확하고 정밀한 잣대가 긴요한 것이다. 정보의 다양성은 예비 투자자와 문외한들에게 판단력(과 변별력)을 흐리게 만들 수 있기 때문이다. 똥은 냄새로 구별, 구분할 수 있지만 정보는 단순히 냄새(표면) 하나로 판가름 할 수 없다. 착각하기에 십상이다. 정보는 시간과 정비례한다. 관련 있다. 땅과 정보의 차이점(오차, 편차)이 크다. 땅은 오래될수록 매력의 크기가 커지지만 정보는 시간이 곧 악(惡)이 될 수 있다.

곧 땅은 세월이 약이 되는 경우의 수가 있지만 정보의 시간은 오래될수록 불리할 수밖에 없는 것이다. 존재가치를 잃는다. 상실감에 빠진다. 정보는 시간이 흐를수록 그 힘을 잃는다. 정보가 뉴스로 변질될 수 있기 때문이다.

자금력 – 아파트와 달리 땅은 무리수 두면서까지 대출노선을 탈 필요(이유) 없다. 소액투자의 대상이 곧 땅 투자이기 때문에 가능한 말. 자신의 분수, 그릇에 맞게 분할하여 지분투자하면 그만이리라. 단, 환금성이 높은, 수요자가 집중 몰리는 곳에 들어가지 않으면 지분투자의 형태가 위험한 길이 될 수 있다는 사실을 명심해야 할 것이다. 수중에 1억 원 있는 사람이 5억 원 상당의 물건을 모색하려 한다면 역시 위험지경에 빠질 공산이 높다. 자신의 처지를 견지 못해 무리수를 둘 수 있기 때문이다.

자제력 – 일확천금, 한 방 노리는 땅투자는 실패 늪에 빠질 수 있다. 역시 자신의 경제력, 경제사이즈(신분과 처지)를 잊은 채 무리수 두는 일은 하지 말아야 한다. 1년 내에 2배의 투자수익을 노리는 것보단 4~5년 투자기간에 3배를 기대하는 게 낫다. 후자가 현실적인 투자수익률을 기대할 수 있는 상황이기 때문이다. 단기간 내 폭등한다면 거품을 심히 의심 받을 수밖에 없다.

인내력 - 땅은 장기투자종목이므로 인내력과 끈기가 필요하다. 반드시 기다림의 힘이 필요하다. 단, 집은 예외다. 집은 영원히, 여전히 실수요공간이므로. 단타, 단박에 대박 노리는 어리석은 행동을 자제+자중하지 않으면 안 된다.

당분간 토지시장은 주택시장과 별개로 밝을 것으로 본다. 맑음이다. 집값은 15% 하락할 가능성이 농후하나, 땅값은 상승세를 탈 것으로 내다 보기 때문이다. 19조 원이라는 토지보상비와 양도소득세 완급조절로 세금 부담감이 낮아졌다. 집값거품에 지친 수많은 사람들이 땅에 관심을 가질 수 있는 대목이다. 제주, 평택 등 땅값상승세력이 큰 지역이 화두가 되면서 대다수의 내 집 마련 포기자가, 혹은 장기간 매수를 연기하는 자가 내 땅 마련의 호기, 적기로 여길 것으로 보인다. 젊어지는 곳이 목격된다. 서울집값거품현상이 사라지지 않는 한 새로운 젊은공간(지역)이 꾸준히 쉼없이 발현할 것이다.

국토는 두 가지로 대별, 점철된다. 젊어지는 공간과 그 반대의 공간으로 말이다. 전자는 경기지역에 집중 몰려 있고 후자는 오지 속에 산재해 있기 때문이다. 귀농 및 귀촌(전원), 장수시대에 맞게 전자의 경우보단 후자의 경우가 더 많은 지경이다. 에코세대가 줄어드는 대신 베이비부머 및 노인인구가 급증세 아닌가. 자연의 공간 활용도가 높아지고 있다. 전원생활에 투자하는 자도 있을 수 있다. 단, 접근성 높은 지역을 선정하지 않으면 안 된다. 경기지역에서의 전원생활은 실수요 겸 투자가치를 저울질 할 수 있을 것이다.

향후, 토지시장이 더 넓어질 것으로 보인다. 집의 입지가 좁아진 탓도 있지만 장수시대를 살면서 재테크는 필수, 대다수 서민이 손을 댈 만한 소액투자의 전형인 땅이 제격인 것이다.

2017년 4월

저자 **노형준 김현기**

Contents | 차 례

Contents | **차 례**

Contents | 차 례

Contents | 차 례

주택 분위기가 다운된다고 해서 토지 분위기가 반드시 죽는 건 아니다.
상가의 이동상황에 따라 가격표가 달라질 터이니까.
상가 업종이 달라지고 주인이 바뀌면서 인근 땅 상황도 덩달아 변한다.
땅값은 죽지 않는다. 쉽게 죽을 만한 구조가 아니다. 상승세가 꾸준하다.

99

Chapter 01

왜 하필 땅인가?(문외한이 정독할 점)

왜 하필 땅인가? (문외한이 정독할 점)

집값은 땅값의 재료다. 땅값 역시 집값 원료일 수 있다.
서로 상관 관계다. 택지와 대지지분이라는 단어가 집과 땅 사안(사이)에서
발현한 것 아닌가. 집은 땅을 재료로 활용 및 응용하는 입장이기 때문이다.
집값 뛰면 땅값도 덩달아 당연히 뛰기 마련이다.

초보자가 똑바로 보지 않으면 안 되는 사안

의식주 중 부동산이 차지하는 비중이 점차 높아지다 보니 가계대출
비중이 높아지고 있다는 사실을 모르는 사람은 별로 없을 것이다. 하
우스푸어 발현의 원인도 많은 사람들이 알고 있을 것이다. 대출이자
수위와 범위에 따라 통계수치가 매번 변한다. 이자불입과정에서 많은
변수상황이 발생한다.

집과 땅의 차이는 크다. 하우스푸어가 많지만 땅 푸어는 별로 없다.
땅의 긴요성이 집 대비 크지 않아서 일 거다. 내 집은 필수덕목이지만
땅은 선택항목이다. 그러나 땅도 중요하다. 의식주 중 주가 집이지만
재료(시발점)를 따질 필요가 있기 때문이다.

음식의 재료 - 다양한 양념

옷의 재료 - 각종 원단과 헝겊

부동산의 재료 - 땅(용도와 지목). 땅은 규제가 걸림돌이다. 규제 없는 땅은 없다. 만약 규제 없는 땅이 있다면 그건 땅이 아니다. 땅은 미완성물이기 때문이다. 집은 완성물, 지상물을 대표한다. 땅은 진보 대신 퇴보의 연유가 될 수도 있다. 규제사안에 지배 받는다. 초보자는 규제를 오해하는 자이지만 성숙단계를 밟은 중수는 규제에 대한 이해도가 높다. 이해 대신 오해를 한다면 극과 극으로 갈 수밖에 없는 것이다. 오해의 길과 이해의 길은 반대 길이기 때문이다. 성공과 실패에 대한 실체의 길을 가늠할 만하다. 부동산의 이중구도와 양면성을 이해하기 싫다면 투자 못한다.

의식주 중 주가 집. 이 집의 존재가치를 인지할 필요 있다. 집의 존재성과 땅의 존재성을 이해하기가 중요하다. 오해하면 바보다.

집의 존재성 - 3억 원에 산 아파트를 10년 후 3억 원에 되판다면 손해가 아니다. 10년 간 활용했기 때문에 가능한 일. 완성물이기 때문이다.

땅의 존재성 - 투자 목적으로 1억 원에 산 땅이 10년 후 1억 원에 되판다면 큰 손해다. 10년 간 제대로 활용할 수 있는 기회의 공간이 없었기 때문에 하는 말. 10년 간 활용할 수 없었기 때문이다. 보유세만 꼬박 낸 격이다. 존재가치를 심히 의심 받을 만한 지경. 미완성물이기 때문이다. 투자가치는 존재가치 대신 희소가치를 대변하는 입장이다. 투자 명목이므로 (건축행위를 못한 상태이기 때문에) 큰 손해다. 땅의 경우와 집의 경우는 마치 부동산 규제에 대한 이해와 오해(의 범주)처럼 천양지차로 발현, 발주할 터이다.

요는, 집은 시간 투자가 아니라 공간의 투자이지만 땅은 시간 투자의 연속인 것이다. 땅은 공간이 없는 상태라서다. 아니, 공간 활용 전의 모습인 것이다. 공간 없는 부동산은 오직 땅 뿐이다.

집값 떨어지면 땅값 오를 수 있는 연유

집값은 땅값의 재료다. 땅값 역시 집값 원료일 수 있다. 서로 상관관계다. 택지와 대지지분이라는 단어가 집과 땅 사안(사이)에서 발현한 것 아닌가. 집은 땅을 재료로 활용 및 응용하는 입장이기 때문이다. 집값 뛰면 땅값도 덩달아 당연히 뛰기 마련이다. 그 속도가 집값보다 빨라진다. 부동산의 특징 중 하나인 연계성이 깊게 깔려 있어서다. 아이러니한 점 중 하나는 집값이 떨어지면 땅값이 뛸 수도 있다는 점이다. 집 투자자가 땅 투자자로 돌변할 수도 있기 때문일 것이다. 집과 땅은 방향과 노선이 상이한 재목이다. 집은 대출노선을 거치지 않고선 무사히 목표점에 도달하기 힘들기 때문이다. 땅은 대출 없이도 매수가 가능하다. 개발범주 안의 원형지, 생지를 매수하면 그만이다.

집 없어도 땅 사라는 책이 계속 베스트셀러에 올라와 있다. 집의 중요성이 낮아지면서 상대적으로 땅에 대한 관심도가 높아지는 판국이다. 꿩 대신 닭이라 했던가. 맘자세가 옮겨가고 있다. 재건축의 불꽃이 튈만한 강남3구역과 수도권 일부지역을 제외하곤 아파트시장의 체감지수를 크게 느낄 만한 모토가, 모터가 이미 방전된 지경 아닌가 싶다. 특히 충북 진천의 경우, 모 건설사가 분양하는 아파트에 수요자가 단 1명도 접근(접수)하지 않았다고 한다. 최근 일이다. 그러나 지방 땅값이 하락구도를 그릴 수는 없다. 바닥시세를 형성하고 있는 가운데 더 이상 내려갈 공간과 기색, 기력이 없다는 것이다. 땅값이 예민한 반응을 보이는 건 주변 시세와 주변 부동산들의 움직임 때문이다. 크게 움직이면 크게 움직일 것이고 작게 움직이면 미동할 것이다. 뜬소문 하나에 집값이 취하는 일은 없을 것이다. 그러나 땅값은 뜬소문에도 가격중독현상이 발현한다. 가격에 취한다. 미완성물 무기물이라는 특수 체질 때문에 개발계획과 청사진이 설 여유공간이 있는 것이다. 하나 완성물인 집에 관한 개발계획은 재개발이나 재건축의 의미가 강하다.

여하튼, 지방의 경우 집값이 떨어지면 땅값이 오를 기세다. 지방의 경우, 지상물에 대한 중개행위보단 땅(개발지)의 중개행위에 집중하는 형편 아니랴. 수도권 대비 인구(예−노동인구)가 적고 노인인구가 증가하는 통에 개발할 여력이, 여유가 없다. 이러한 상황에서 땅에 대한 기대감이 높을 수밖에 없다. 지방자치시대, 지방분권화시대가 부른 기대이리라. 수도권 땅의 단점은 거품이 수반될 수밖에 없다는 점이다. 작은 거품에 들어가지 않으면 안 되는 이유다. 전체적으로 땅값의 기개가 집값 기세를 누를 지경. 택지 조성 계획 및 기획과정에서도 인근 땅값은 춤춘다.

돈 되는 투자의 공간 모색 과정

실수요자가 원하는 부동산은 삶의 가치+존재가치가 높은 것이지만, 투자자가 기대하는 부동산은 그 의미가 다르다. 희소가치인 잠재가치에 대한 기대폭이 증폭될 수 있기 때문이다. 잠재성이 무수하다. 희소가치 높은 곳은 젊은공간이다. 전원시대, 귀농 및 귀촌공간이 늙은 공간을 적극 대변하는 지경이다. 물론, 늙었다는 게 낡았다는 의미는 절대 아니다. 작금은 애 안 낳는 시대다. 결혼 적령기 넘은 젊은사람들이 급증하고 있다. 결혼 포기 및 장기 연기자와 내 집 마련 포기자(장기연기자 포함)도 덩달아 급증세다. 부동산에 대한 경제적 부담감이 너무 커서일 것이다. 월급이 1% 오를 때 부동산은 수배 이상 오르는 게 현실. 부동산 투자자가 꾸준히 증가하는 이유 중 하나가 될 것이다. 아이의 희소가치가 높아만 간다. 아이가 귀한 시대(에 살고 있)다. 애 안 낳는 시대가 늙어가는 이유 중 하나가 될 수도 있다. 장수시대에 진입한 상태라서다. 65세 이상에서 70세 이상으로 노인 기준선이 바뀔 참이다.

경기도 화성, 평택 등이 인기 높은 이유가 무엇인가. 투자자가 많은 이유가 무엇인가. 땅값이 오르는 이유가 무엇인가. 젊은이들이 서울에서 전격 대거 입성, 이동 중이라서다. 존재가치는 노인인구에 의해 존속할 수 있지만 희소가치는 젊은동력에 의해 발현하는 것이, 부동산의 오랜 진리+철칙일 것이다. 변할 수 없는 영원한 진리다. 갈수록 젊은 인구가 줄고 있지만 젊은공간은 넓어지는 추세다. 인구의 집중도 때문이다. 개발의 타당성이 제대로 견지된 지역은, 젊은동력(노동력)에 의해 역동할 수 있기 때문이다.

개발은 젊음과 직접적으로 관련 있지만, 노인과는 거의 관련 없다. 투자처 선택의 기준은 고수와 하수가 다르다. 고수의 선택 1순위는 인구규모다. 2순위는 개발 및 건축물 규모이다. 하수의 선택 1순위는 개발 및 건축물 규모. 선택 2순위는 인구규모이다. 절대 잊어선 안 될 사안 중 하나는 개발규모가 크고 화려하다고 무조건 투자가치가 높은 게 아니라는 사실이다. 난개발의 우려가 크고 공실이 문제인 것이다. 경기지역의 가치가 높은 이유가 무엇인가. 인구규모가 크고 인구증가속도가 빠르다. 인구규모가 크기 때문에 건축물 규모도 덩달아 커지는 것이다. 개발규모도 커질 수 있다. 즉 개발의 타당성이 높다는 것이다.

그 덕에 미분양 및 공실의 우려가 크지 않다. 개발의 타당성은 개발효과가 커질 수 있는 직접적인 요인+연유다.

왜 개발하는가? (투자자가 알아야 할 점)

부동산 활동이 활발한 대한민국 국토는 항시 이중구도를 달린다. 그린다. 투자자와 실수요자 반경이 공존하는 이유다. 양적 가치와 질적 가치를 구별해야 한다. 국토는 안전지역이 있는가 하면 (불규칙적인) 불안전지역이 공존한다. 안전지대는 둘. 물리적 안전지대와 행정적 안전지대로 대별되는데 행정적의 의미는 행위, 즉 '부동산 활용범위(용도 : 건폐율과 용적률)'를 의미한다. 그러나 영원한 안전지역은 존재하지 않는다. 역시 변수 때문. 안전지대가 전격 불안전 지대로 변하는 경우의 수도 다반사다. 즉 규제 대상지역이 될 수 있다는 것이다. 리스크 없는 국토 공간은 존재할 수 없다. 국토는 그 공간 안에 반드시 '리스크 큰 지역'과 '리스크 크기가 작은 지역'이 공존하기 마련이다. 리스크 크기를 작게 만드는 작업은 인간 몫. 위정자와 부동산주인들 몫이다. 리스크 크기가 작은 곳의 특징은, '삶의 질이 높은 것'이다. 이런 상태라면 고정인구가 집중적으로 몰린다. 더불어 자연스럽게 투자자도 몰리는 법. 이동복덕방이 많은 지역엔 희망이 없다. 한 지역을 투자자가 거품지역으로 만들어 놓아서다. 의미 없다. 거품은 아무 의미 없다. 거품은 미분양 및 높은 공실현상을 만드는 암적존재다. 더불어 거품현상은 미거래현상도 만들어놓는다.

국토 – 편익공간과 불편한 공간으로 대별(이는 개발의 긴요성을 대변하는 것)

개발의 이유(개발의 필요성) – '불편함'을 '편안함'으로 바꾸기 위함이다.

미개발지역의 특징 – (도시지역 대비) 불평등하다. 불편하다.

개발 명목이 무엇이랴. 삶의 질을 높이는 게 개발의 궁극적 목표, 목적(명목)이다. 불편한 곳에서 높은 삶의 질을 바라는 건 무리다. 사막에서 물 찾는 격이라서다. 불편한 곳을 무조건 개발하는 건 아니다. 역시 개발의 타당성을 견지+견제해야 한다. 난개발은 국토 황폐화의 원흉이다.

개발의 타당성에 관한 검증 과정이 힘겨운 까닭 – 무조건적으로 개발에 대한 공익과 사익, 두 가지 사안에 합당하지 않으면 안 되기 때문. 손해가 되는 개발은 안 하느니만 못한 것이다. 왜? 애초 개발을 하지 않았다면 '손해'라는 나쁜 변수가 없었을 테니까.

공익 – 국익으로 큰 이익이다. 광범위하기 때문이다.

사익 – 개인의 이익으로 공익사업의 영험에 직간접적으로 영향을 받는다.

공익이 우선이 되어야 한다(공익이 더 중요해서다). 공익이 성공적이야 만족감 높은 사익이 발현할 수 있는 것이다. 개개인의 이익을 위해, 유익을 위해 공익사업을 진행하는 것이다. 국민의 삶의 질이 높아야 국가가 발전하는 것 아닌가. 반대로 국가를 위한 개발이 곧 개인의 발전이라 할 수 있는 것이다. 진보한다. 하나 개발진행 시 무리한 수가 들어간다면 위험하다. 검은 거짓, 즉 공약을 수호하지 않는다면 큰 재앙이 찾아온다. 개발 실패다.

개발청사진을 과대포장하는 행위 – 이는 마치 선물 자체나 내용보다 선물 포장 비용이 더 비싼 경우다. 배보다 배꼽이 더 크다면 비효율적이다. 경제이론에 합당치 않아서. 3만 원 상당의 선물용 초콜릿에 포장비가 과용된다면 비효율적인 것이다. 초콜릿 값은 1만 원인데 포장비용에 들어간 돈이 2만 원이라면 상식에 어긋난 것이다. 개인의 파탄이 의심되는 대목. 국가와 개인 모두에게 불이익이 돌아간다.

부동산에 대한 지식과 상식

지식의 예) 사업성과 안전성

상식의 예) 수익성과 환금성

지식과 상식으로 부동산 투자를 한다면, 수익의 크기는 크지 않으나 안전성 면에서 만족도가 높을 것이다. 자연히 환금성 보장도 바랄 수 있는 것이다.

왜 땅인가?

　금융시장에서 바라보는 주택시장은 어둡다. 앞으로 15%정도 가치와 가격이 동반하락할 것이라는 전망이 지배적이다. 차제에 누운 김에 장기간 동면을 취하겠다는 다짐을 한다면 장기투자종목에 몸을 맡길 만하다. 꿩(집) 대신 닭(땅)을 선택, 선정할 지도 모를 일이다(대출 부담감이 너무도 큰 집 대비). 땅은 소액으로 움직일 수 있어 안전한 편이다. 대출경로 없이 컨설팅회사와 손 잡으면 그만이다. 다만 환금화에 집중하지 않으면 안 된다. 이러한 작은 이유로 말미암아 상대적으로 에코세대를 중심으로 토지시장에 관심을 두는 인구가 증가할 것으로 기대된다. 예상된다(에코세대는 투자 명분으로 움직일 터이지만 에코세대의 부모인 베이비부머는 전원 및 귀농명분으로 땅에 몸을 맡길 것이리라. 땅 수요에 기대를 거는 직접적인 연유다).

　주택시장은 이중구도를 그릴 수 있어 불안한 편이겠지만(투자자와 실수요자로 말이다. 하나 하락세 구도를 그린다면 반드시 투자자는 줄어들 것이다. 주택시장이 썰렁한 건 바로 하락세 때문) 토지시장은 기대감을 충분히 가질 수 있기 때문이다. 토지시장의 이중구도는 좀처럼 보기 힘든 모습이다. 대지지분이라는 입체적 성질을 목격할 수 없으므로. 단순 구도를 그리는 게 땅이다(다만, 주변 의존도가 높을 뿐이리라). 현장답사 시 아무 것도 없다. 허허벌판 휑하다. 땅의 위치가 곧 땅의 현재와 미래인 것이다. 땅의 성질은 두 가지 모드로 분산된다. 잠재력인 미래와 현재의 위치(입지-자연환경)

로 말이다.

왜 땅인가? 주택 분위기가 다운된다고 해서 토지 분위기가 반드시 죽는 건 아니다. 상가 분위기가 비록 상가(喪家) 분위기일지라도 인근 땅값이 폭락하는 현상은 일어나지 않는다. 상가의 이동상황에 따라 가격표가 달라질 터이니까. 상가 업종이 달라지고 주인이 바뀌면서 인근 땅 상황도 덩달아 변한다. 지주의 입장 표명이 단단하다. 분명하다. 단호하다. 분명코 인근 상가의 존재감을 알릴 터이다.

땅값은 죽지 않는다. 쉽게 죽을 만한 구조가 아니다. 상승세가 꾸준하다. 다양한 상관관계를 무시할 수 없는 지경이다. 인구증가속도와 부동산가격 상승속도는 정비례한다. 접근성과 가격 구도 역시 정비례. 다만 현장감이 곧 가격상승세일 수는 없다. 접근성과 현장감이 반드시 정비례 하는 건 아니므로. 건축물 증가속도와 가격상승속도는 반비례할 수 있다. 비어 있는 건물들이 급증하면 일시적이나마 가격 급락세를 면치 못할 터이니까. 부동산 거래량과 가격은 정비례. 상관관계다. 사람이 곧 돈(의 가치) 아닌가. 택지개발지구와 땅값도 상관관계. 택지 안엔 업무 및 상업시설도 가미, 포함되기 때문이다. 주택가격과 토지가격은 정비례한다. 개발청사진의 그림이 본격적으로, 공격적으로 그려질 때 주거시설을 중심으로, 주거인구 중심으로 상업 및 산업활동인구도 유입될 수 있으므로. 한 지역의 미래 척도가 곧 주거인구의 형태가 될 터이다. 택지개발지구 안에 다양한 부동산이 용도를 분배, 분출한다. 힘이 있다(예-주거 및 상업, 업무시설, 공업시설…공원시설…)

부동산 가격과 가치 사이에서 갈등하는 자 – 예비 투자자의 맘. 관심, 욕심, 의심이 요동한다. 비빔밥이다. 헷갈린다. 차라리 이럴 바에는 땅의 성질을 믿고 투자하는 게 바람직하다. 유리하다. 유익할 수 있다. 단순히 성공사례를 믿고 투자하는 건 무익할 수 있다. 불리하다. 땅 고유의 성질은 변할 수 없지만 과거 성공사례와 지금의 상황은 달라질 수 있기 때문이다.

집의 성질과 땅의 성질

공통점 – 존재성(집이건 땅이건 존재가치를 의심할 수 없다)

차이점 – 편익성과 잠재성(집은 편익성에 지배를 받지만 땅은 잠재성에 온몸을 던진다. 온전히 맡긴다)

달라질 수밖에 없는 장르별 부동산가치

부동산 가치는 곧 가격과 연계되므로(격을 같이한다), 가치 기준 여하에 따라 가격 변수는 다양하게 표출될 수밖에 없다. '사람'이 곧 가치인 것만은 사실이나, 자연(녹지공간)도 가치 기준이 될 수도 있다. 물론, 장르에 따라 달라지는 건 기정사실. 장소와 위치에 따라 가치 크기의 격차가 더 벌어질 수밖에 없다. 부동산 종목과 더불어 말이다(그렇지만 때와 시간, 시기와는 큰 연관 없다. 투자시기, 투자적기가 분명히 정해진 상황이 아니니까.

마치 비수기와 성수기 구분 없이 투자하는 양 말이다).

부동산은 장르별 가치 기준이 달라진다. 녹지공간의 경우, 땅은 투자가치 기준과 무관하다. 녹지상태 하나를 보고 땅투자를 결심하는 사람은 없을 테니까. 집은 녹지공간을 필요로 한다. 웰빙 수단(공간)이므로 활용가치를 극대화 할 수 있는 것이다. 상가는 녹지공간과 상관 없이, 즉 공간 유무에 상관 없이 유동인구에 집중해야 할 것이다. 인구상태의 경우, 땅은 고정인구가 주축이 되어야 마땅하다. 유동인구도 눈여겨 볼 사안이지만 말이다. 집은 적정 주거인구면 무난하다. 인구밀도 높다고 주거환경이 뛰어난 건 아닐 테니까. 여유공간을 휴식공간 등으로 활용할 수 있는 시대 아닌가. 예컨대 커뮤니티 공간을 맘껏 활용할 수 있는 주거단지가 대세 아니랴. 상가는 고정 및 유동인구 모두 중요한 변수로 작용한다. 예를 들어 단골 및 뜨내기 통해 성패(상가 공실)가 좌우되는 법.

요는, 부동산은 크게 '개발공간' 과 '녹지공간' 으로 분류할 수 있다. 녹지공간(대자연)이 개발공간(주거 및 상업공간)으로 진보하는 경우의 수도 발생할 수 있겠지만 그건 장소와 위치, 그리고 부동산 종목에 따라 정해질 사안인 것이다.

초보자가 바로 알아야 할 투자의 바로미터

하수와 고수의 차이는 무엇인가. 비현실적인 공상만화를 그리는 하수 대비 고수는 현실적인 보편타당한 개발청사진을 바로 정독한다. 차분히 그린다. 초보자는 '완전한 것'을 찾고 고수는 '안전한 부동산'을 찾는다. 전자의 경우는 존재할 수 없는 상황이지만 후자는 바른 시각만 가지고 있다면 충분히 모색 가능한 경우이리라.

초보자가 투자를 쉽게 결정하지 못하는 이유 - 확신과 자신감의 저하 때문일 거다. 그리고 부동산의 진정한 특질을 모르고 있기 때문(부동산의 특징을 상세히 알지 못해서다. 알아보는 방법을 알지도 못한다. 관심 없다. 개발지역에만 온통 정신이 팔린 지경. 안전성보단 수익성에 일방적으로 지배를 받고 있다는 증거다. 지역 브랜드가치 자체에 여전히 지배를 받고 있다). 이 땅엔, 이 세상엔 완전한 물건이 없는데 완전한 부동산을 찾기 때문에 확신이 생길 수 없는 것이다. 당연히 개별적으로 만족도가 떨어지는 것이다. 충족하지 못해 투자전선에 뛰어들 수 없는 것이다. 작금은 부동산도 브랜드를 중요하게 여기는 시대다. 아파트 분양가도 마찬가지다. 지역과 위치에 따라 상이하나, 중견업체와 대기업, 공사에서 짓는 아파트의 차별화가 심각할 정도로 심하다. 그러나 브랜드 하나가 부동산의 만족도, 완벽함에 일방적으로 영향력을 행사하는 건 아니다. 일방적으로 지배하는 건 아니다. 유명 건설사와 공사에서 짓는 아파트에도 하자가 발생하고 있지 않은가. 믿는 도끼에 발등 찍히는 사례가 의외로 많은 지경이다.

무명가수, 무명배우, 무명작곡가, 무명시인 – 몸값이 낮다. 그러나 유명가수는 몸값이 높다.

무명아파트 – 몸값이 낮다. 그러나 유명아파트는 몸값이 높다.

하나 무명가수라고 해서 노래 못하는 건 아니다. 실력이 떨어지는 건 아니다(유명과 무명의 기준이 제각각). 왜? 무명의 이유(약점)를 실력(강점)으로 커버하지 않으면 안 되므로. 외려 유명 인기가수보다 더 폭발적인 가창력을 소유한 경우가 태반 이상이다. 부동산이라고 다를까.(지명도와 브랜드가치가 떨어지는 무명 부동산상태라는 이유 하나로) 유명부동산보다 그 성능과 역량+역할이 훨씬 뛰어나지만 '무명'이라는 작은 감옥에 단단히 갇혀 그 특징(높은 가성비)을 발휘하지 못하는 경우 역시 태반 이상이다. 이는 지역브랜드와 수도권에 집중적인 관심도를 보여서 생긴 화이다. 예를 들어 성남, 강남, 하남 등 '브랜드' 가치에 연연한다는 것이다. 봉화, 진천, 고흥 등 무명이라고 말할 수 있는 곳에도 접근성 높다 할 수 있는, 가성비(가격 대비 성능)가 뛰어난 면이 없지 않다. 개별적으로 해석하기 나름이다. 단순히 무명가수라고 우습게 볼 게 아니다. 그에 대해 정밀히 알아보라. 단순히 무명 부동산이라고 우습게 볼 게 아니라 가성비를 정밀히 알아보라. 접근성 떨어진 수도권 지점을 선점하기보단 접근성이 뛰어난 비수도권, 지방을 선점하는 과정을 밟는 게 현명할 것이다. 수도권이라는 이유 하나로 거품가격에 희생물 되는 경우의 수도 다반사이다.

부동산의 특징을 정밀히 알아보기 전에 반드시 거쳐야 하는 검증과정 -
사람의 특징을 알아본다. 즉 각종 인구의 특질을 알아본다.

예) 고정인구의 특징과 주거 및 이동인구 등 다양한 지역의 인구의
모드를 간파하지 않으면 안 된다

부동산의 특징과 사람의 특징의 공통점 - 다양하다. 잠재가치를 논할
수 있는 직접적인 연유(무기)다. 부동산도 연구 대상물이지만 인물(인간)
역시 영원한 연구 대상물인 것. 어른이 아이의 거울이듯 가치는 가격
의 거울이 될 수 있다. 본보기인 법. 아이는 어른들 모습을 보고 성장
하고 가격 역시 가치의 모드에 의해 환금성을 높인다. 잠재가치를 높
인다. 윗물이 깨끗하지 않으면 안 되는 이유다. '더러운 가치' 는 '더러
운 가격' 을 낳는다. 더러운 가치(비현실적인 개발이 그 좋은 실례)는 거품가격
의 원흉이다. 생명력(지속력)이 낮다.

부동산 문외한이 필히 감지해야 할 함수(와 변수)

1. (부동산에 관한) 집중력과 가치에 대한 비교분석 능력은 예비 땅
투자자에게 필요한 필수항목 중 하나다.

집중력의 실례) 한 지역의 공간을 선정하거나 선점을 했다면 반드시

그 지역에 대하여 집중 분석할 필요 있다. 지역을 정했다면 타 지역에 눈을 잃으면 안 된다. 경기도 광주 한 곳을 타깃으로 움직일 것이라면 광주 한 곳만 집중 공부하여 분석한다. 정밀한 과정을 거친다. 옆의 이천이나 여주에 관심두면 정신이 분산된다. 정신이 분열된다.

가치에 대한 비교분석능력의 실례) 라이벌 지역을 비교해 집중분석할 필요 있다. 경기도 평택시와 화성시는 서로 닮은 부분이 많은 지역이다. 라이벌 구도를 장기간 달리고 있다. 두 지역을 비교분석할 필요 있다. 그러한 능력이 개별적으로 긴요하다. 아무리 흡사해도 가치나 가격 면에서 다른 면을 목격할 수 있기 때문이다.

2 의식주에 대한 정밀한 의식(인식)

식 – 매일 구입한다. 식욕은 영원히 버릴 수 없는 인간의 욕망 아니랴.

의 – 자주 매입하는 편이다. 유행과 트렌드에 따라 이동하기 때문이다.

주 – 어쩌다 한 번 구입하나, 질적가치에 치중하는 경향이 강하다. 옷처럼 트렌드 따라 이동 중이다. 단, 실수요자에 한정되어 있다는 점이 한계점이라 할 수 있다.

의 – 옷의 재료가 다양하다. 패션디자이너가 존속하는 연유다.

식 – 음식의 재료도 다양하다. 셰프 존속의 이유다.

주 – 부동산의 재료는 땅. 땅도 다양하다. 컨설턴트가 존속하는 이유다. 불경기에도 급증한다.

자영업과 부동산 관계 – 자영업자와 부동산업자와의 관계로 비화(예–
옷가게와 식당이 공존, 공유)

3. **좋은 땅과 국가원수** – 사람이 만든다. 국민이 만든다. 선택의 기준
을 분실한 상태라면 나중에 지주가, 나라주인이 큰 고생을 할 수 있다.
부동산도 진영이 존재할 수 있다. 부동산의 진보파와 보수파로 말이
다. 보수파는 현재 상태에 만족감을 갖는 부류. 육체의 건강을 보지하
려는 자이다. 연만한 분들이 대부분이므로 과거 역사를 소중히 다룬
다. 진보파는 미래파다. 정신적으로 젊은 자이다. 변화를 생명처럼 여
긴다. 변화를 목숨과 맞바꾼다. 과거 역사를 다시 쓰려고(미래가 긴요)한
다.

진보세력 – 잠재세력이 발동한다. 비판일색이다. 다양한 상상력을
동원한다

부동산투자자의 의식 – 진보성향이 강하다.

부동산 실수요자의 의식 – 보수의 성격이 강하다.

부동산 투자 못하는 자 – 회색분자의 성격이 강해 결단력이 약하다.
구경꾼이다. 방관 일색.

4. 세월, 시간 가는 속도가 거반 땅값 꼭짓점을 향해 달려가는 속도,
곧 땅값오르는 속도와 비슷하다. 내 땅 주변이 변할 확률이 높아서다.
부동산 배치구도가 맹지와 비맹지의 공존, 공유, 점유 중이다. 맹지가

비맹지(성지=성장통 거친 땅)와 접해있다. 개발지역과 미개발지역이 공존한다. 즉 서로 접한 지경이다. 왜냐, 개발지의 과거는 반드시 미개발 맹지였을 가능성이 높아서다. '도로'의 힘을 무시할 수 없다. 도로의 힘은 부동산의 연계성의 큰 재료, 원료이다.

5. 고수 – 체력(질적가치)의 중요성을 따지는 입장이다. 하수는 체격(크기)에 치중한다. 요는, 건폐율과 용적률에 치중하기보단 건폐율과 용적률의 위치가 중요한 것이다. 활용가치가 중요하기 때문이다. 보편타당성이 중요하다. 부동산의 체력은 생명력(내면)과 관련 있다. 소프트웨어인 미래가치와 잠재가치와 직접적으로 관련 있는 것이다. 부동산의 체격은 규모와 관련 있다. 외형을 적극 대변하는 입장이므로. 하드웨어 상황이다. 존재감과 직접 관련 있다.

6. 돈 = 가격(하수가 보는 시각. 돈의 활용도가 낮은 이유다)

돈 = 가치(고수가 바라보는 시각. 돈의 활용도가 높은 이유다)

역시 가치는 가격의 주재료인 것이다. 잣대다. 절대로 가격이 가치의 재료가 될 수 없기 때문이다. 만약 그런 경우가 생긴다면 그건 십중팔구 거품가격일 게 뻔하다. 고수는 돈을 버는 능력뿐아니라 돈 관리능력도 빼어나다. 부자가 3년은 간다는 의식은 옛말. 10년간 10억 원을 벌었다가 1년 내에 빚쟁이 신세로 전락하는 경우도 있다. 돈 유지력 부재가 낳은 패악이다. 돈을 버는 것에 집착하는 하수 대비 고수는 돈의 관리능력에도 집중한다.

7. 인간과 **부동산의 공통점** – 인간으로부터 욕 안 먹기 쉽지 않은 상황이다. 변절과 변질의 대상물이기 때문이다. 지속력의 약화가 문제다. 부동산의 지속력이 약한 이유가 무엇인가. 주인 없는 부동산이 없어서다. 아니, 부동산은 주인이 있어야 하기 때문이다. 부동산은 동산화의 대상물이다.

8. 개발의 명분

(1) 인구유도를 위한 개발

(2) 인구팽창에 따른 개발

(1) 보다 (2)가 유익, 유리할 것 같지만 반드시 사고대로 움직일 수는 없다.

예) 비좁은 공간의 음식점이 손님들로 북새통이나, 가게를 확장하면 그 반대 현상이 일어날 수도 있는 법이다. 즉 식당주인은 9평(3.3.제곱미터당)에서 19평으로 확장, 확대 안 한다. 인구가 급증세라 해도 갑자기 대형개발을 추진한다면 부동산 미분양, 공실현상에 시달릴 수도 있다. 확장, 확대하는 중 과욕이 분출할 수도 있는 것이다. 인구폭증범위와 개발범위가 정비례하므로. 필요한 개발면적을 반드시 견지할 필요 있다.

9. 어느 지역에 투자하는 게 좋을까요?

이는 우문일 수 있다. 지역공간의 색깔과 투자의 색깔은 확연히 다른 법이니까.

10. 공부 잘하는 사람이 반드시 착한 건 아니다. 머리 좋은 사람이 반드시 착한 건 아니다. 공부 못하거나 머리가 나쁘다고 반드시 도덕적으로 문제가 있는 건 아니다. 마찬가지 입장으로 나쁜 땅을 상속 받는 자가 반드시 나쁜 사람은 아닌 것이다. 반대로 좋은 땅을 상속 받은 자가 반드시 좋은 사람이라고 확신(단언)할 수는 없다. 부동산주인의 역량과 도덕성이 부동산의 질적변화를 불러온다. 부동산공법에 따라 움직이면 그만이리라. 역시 과욕을 부리지 않는다면, 처지에 맞게 움직인다면 문제가 될 건 없다. 체력에 안 맞게 체격을 크게 발화한다면 무리수. 불법에 상응하는 것이다.

11. 유능한 자와 유명한 자의 의미는 다르다. 유능한 곳과 유명한 곳 역시 그 의미가 다르다. 소문난 잔치 먹을 것 없고 빈 수레가 요란한 법이다. 브랜드 높고 지명도 높다고 무조건 가격이 비쌀 필요 없다. 역시 위치와 접근성은 여러 각도로 분출되는 지경 아니랴. 브랜드보단 물건 위치에 집중하지 않으면 안 된다.

12. 현장답사의 종류

(1) 땅 답사

(2) 지상물 답사(예-아파트 견본주택 구경)

땅 답사를 아무나 하면 안 된다. 여웃돈 없이 현장에 가지 말라. 견물생심이라 했던가. 집 답사 역시 마찬가지다. 특히 선분양후시공의 아파트 견본주택 답사 시 주의가 요망된다. 이동복덕방에 따라 맘이 쉽게 이동, 요동하는 건 위험하다. 무리한 대출을 통해 움직인다면 나중에 후회의 크기가 클 것이다.

13. 잠이 보약이다. 인간의 몸은 24시간 계속 움직일 수 없기 때문이다. 쉬는 시간이 반드시 필요하다. 건강한 사람의 특징은 잠을 잘 잔다는 점이다. 부동산의 동산화는 부동산 주인의 요망사항. 그러나 부동산도 1년 12달 계속 움직일 수는 없다(예-가격 및 개발상황). 쉬는 기간이 필요하다. 소강세가 있는 법이다. 쉬는 시간이 없다면 크고 강한 거품에 희생물 되기 십상이다. 건강한 부동산의 특징은, 거래가 잘 된다는 점이다. 거품 냄새 없이 가성비가 높아서다. 분양가 대비 용도와 위치, 가치의 수위가 높다.

초보자가 쉽게 착각할 수 있는 사안

완성물인 집 대비 미완의 땅 입장에선 토지이용계획확인서라는 공부(公簿)의 중요도는 매우 높다. 완성물인 경우 도시에 관한 재개발에 예민하면 그만(강제수용)이다. 그러나 땅은 땅의 미래(발전가능성)가 용도에 대한 변경에 지배를 받을 수밖에 없다. 키 작은 부동산이 키 큰 부동산으로 변하면 그릇 크기가 달라져서다. 가치가 달라져 가격의 폭등 단계를 밟는다. 용적률과 건폐율이 변하면 토지 신분이 변한다. 각양각색의 다양한 토지들이 변한다는 건 한 지역의 희망이다. 발전적이다. 주변 지역, 한 지역이 변모+진보하는 것이기 때문이다. 인구의 다양성만 보장 받는다면 투자자가 늘어나면서 한 지역의 명성도, 브랜드가치(브랜드가격)는 높아질 것이다. 예비 서울특별시로 변모할 수도 있는 것이다. 부동의 부동산 자금회전율이 가장 높은 곳이 특별시 아닌가. 개별적으로 부동산 가격이 전국에서 가장 높아서 일 거다. 투자자가 많다는 건 부동산 통해 큰 부자가 많이 발생했다는 거증이리라. 실수요공간이 넓을수록 투자자도 다양할 것이다. 투자 공간이 넓어서다. 하수는 투자자들의 활발한 활동을 보고 투자하나, 고수는 실수요공간과 실수요자 모드를 보고 움직인다.

투자자의 바른 투자 자세 – 토지이용계획확인서는 참조 수위. 그 이상으로 여기지 말라. 개발청사진이 순조롭게 진행되어 개발완료될 때는 토지이용계획확인서의 내역이 변하기 때문이다. 용도변환절차를 밟는다.

실수요자의 바른 매수 자세 – 토지이용계획확인서가 매우 중요+긴요하다. 그리고 임야 및 지적도 역시 중요하다. 길 없는 상태에선 건축행위를 할 수 없으므로. 실수요자 입장에선 용도상황보단 길 상황이 더 중요하다. 농림지역에도, 자연환경보전지역 내에서도 비록 작은 부동산일지라도 다양한 지상물들이 상존할 수 있기 때문이다. 도로에 접하지 않은 상태의 용도지역은 무용지물이다. 유명무실하여 한 지역의 애물이자 개인적으로도 지주입장에선 장애물인 것이다.

1인 가구 급증시대. 작은 부동산이 대세다. '혼투' 자세가 중요한 이유다. 혼밥과 혼술도 유행+대세다. 투자 역시 나혼자 줏대 있게 혼투하지 않으면 안 된다. 주관적인 힘이 중요하기 때문이다. 전문가와 나와 1:1 관계다. 그 이상은 무의미하다. 여러 목소리를 듣다 보면 비전문가들의 목소리에도 경청할 수 있어 결정이 쉽지 않다. 결정적인 때에 결단력이 떨어진다. 감이 떨어진다. 투자를 장기 연기하는 우를 범한다. 장기 연기가 곧 투자 포기 아니랴. 미개발지가 개발지보다 더 많은 것처럼 투자자보다 비투자자가 훨씬 많은 지경. 개발의 타당성이 중요한 만큼 투자의 결정력 역시 중요한 것이다.

예비 투자자의 죽은 가슴 살리는 방도 – 매수 시 실수요와 투자 모드 바로 인지하기(투자의 자세–혼투, 투혼의 정신력을 요한다. 저 드넓은 코뿔소의 외뿔처럼 홀로 걷는 게 투자의 길 아니랴)

필자가 알고 있는 예비투자자 중 장장 15년간 땅에 대하여 알아보는 50대 초반의 사업가가 있다. 사업성적표는 거의 100점이나, 투자성적표는 100점이 아니다. 하수 같은 고수다. 결정력이 약하다. 숱한 현장답사경험은 무용지물이다. 도움이 전혀 되지 않아서다. 유명무실하다. 개별적으로 결정타가 부족한 탓이리라. 투자의 결정타는 급소의 모색이다. 지역과 용도에서 찾기 마련이나, 그건 장기 소모전일 수 있다. 지목의 중요성도 그다지 높지 않다.

1. **지역 – 지자체**(예–31개 경기도+18개 강원도+14개 전북지역…)

2. **용도 – 건폐율과 용적률 통해 견지**(예–도시지역, 계획관리지역, 생산관리

지역…)

지자체와 용도가 중요한 게 아니라 지역 및 용도의 위치(접근정도)가 더 중요한 것이다. 크기보다 질적가치가 더 중요한 것이다.

땅 투자처 정하기

1. **지역 – 예)** 수도권과 비수도권 중 하나를 간택한다

경기도, 충청도 등 8도 중 하나를 간택한다.

2. **용도 – 예)** 도시지역과 생산관리지역, 계획관리지역에서 중에서 하나를 선택한다. 결정한다.

지역 – 투자 공간 〈 실수요 공간

(수적으로나 양적으로 실수요공간이 훨씬 많은 상황이다)

용도 – 투자 공간 〈 실수요 공간

(개발청사진 분포도보다 대자연 분포도가 상대적으로 훨씬 넓기 때문)

주식투자 – 기업성적표를 보고 투자하지 말고 기업인, 인물의 인성을 보고 투자하라. 재벌총수의 인성이 매우 중요한 것 같아서 하는 말이다. 사람 나고 돈 났지 돈 나고 사람 났던가.

부동산투자 – 지역인구성적표를 보고 투자한다. 부동산 구도와 부동산 구조를 보고 투자하는 대신 장래성을 보고 투자한다. 장래성은 인물, 즉 인구성적표의 지배를 받는다. 여전히 부동산의 장래, 미래가 밝

은 곳은 경기지역으로 압축된다. 인구의 화력 덕을 톡톡히 볼 수 있을 것이다. 인구가 경기지역으로 몰리는 상황이 계속 전개되는 지경 아닌가. 역시 서울특별시의 집값불안과 집값거품이 끊이지 않아서다. 서울의 집주인은 절반수준. 주택보급률 대비 지극히 낮은 수준이다. 설령 집이 있다 해도 대다수 가계부채에 허덕이는 지경이다. 서울의 아파트 평균분양가는 여전히 5억 원을 육박한다. 서울 집주인 대다수가 매달 은행에 월세(형)식으로 납부, 납입하는 지경이다. 서울 내에서 내 집을 마련한 자일지라도 결국, 월세인생인 것이다. 5억 원을 100% 현금으로 움직일 수 있는 자가 과시 몇이나 되겠는가.

경기지역이 역시 좋은 투자처인 까닭? 높은 인구집중력이다. 유지력이다. 그리고 높은 접근성이다. 도로와 철도의 다양성이 지방 대비 거대하다.

지역(지자체)과 용도가 땅 투자전선에 입성하기 위한 발판이 될 터이지만 지역선정과 용도선정에 순서가 정해진 건 아니다. 지극히 개별적이기 때문이다. 용도를 정한 후 지역을 선정할 수도 있기 때문이다. 지역과 용도 정하기에 앞서 괜찮은 위치를 정하는 게 중요하다. 실수요 명분과 투자 명분의 차이점도 반드시 습득하여야 할 주요사안 중 하나다.

(초보자가 땅의) 공부단계를 반드시 밟아야 하는 이유

땅 초보자는 순서를 무시한다. 기초를 무시한다. 기본을 무시한다. 원칙보단 변칙을 먼저 배운다. 공부를 하지 않고 연구와 분석부터 하려 든다. 당연히 부작용이 생길 수밖에. 실패확률이 높아진다. 초보자는 '땅의 공부'의 정의부터 제대로 인지해야 할 줄 안다. 땅의 공부는 '접근성을 공부하는 과정'인 것이다. 접근성이라는 부동산 성질만 잘 알고 있다면 땅투자를 실패할 이유가 없을 것이다. 접근성을 떨어뜨리는 땅도 많다(비맹지 대비 맹지 수가 훨씬 많기 때문). 주의하지 않으면 안 되는 이유 중 하나다. 맹지가 두 가지(접근성 높은 맹지와 그 반대)로 대별되는 것처럼 접근성도 둘로 분류된다. 접근성을 떨어뜨리는 경우와 그 반대 현상으로 대별된다. 인구밀도가 낮은 지역일수록 접근성이 낮은 땅이 많을 수밖에 없다. 서울 이외의 경우엔 인구의 한계에 부딪칠 수 있기 때문이다.

실수요자인 경우의 접근성 – 공장(오염)이 접근성을 떨어뜨리는 역할을 할 수 있다. 삶의 질이 낮아진다.

투자자인 경우 – 공장 존속이 접근성을 높일 수 있다. 고용인구는 땅 값상승의 동력 역할을 할 수 있을 것이다.

접근성의 이중성 – 접근성의 다양성은 다양한 인구의 접근이요 대도시와의 직접적인 연계일 것이다. 즉 대도시와 접했다고 해서 무조건 접근성에 대한 기대값이 높은 건 아니다(예−지방인 비수도권에 만연. 상대적으로 수도권 대비 도로상황이 좋지 않다. 장식용 도로도 많다)

접근성의 기준 − 접근성의 모토는 거리와 인구상태이나, 도로상황이 반드시 뒷받침되어야 한다. 단순히 거리가 가깝다고 접근성이 높은 건 아니다. 인구이동이 수월한, 원활한 도로의 지경이 긴요한 것이다. 부동산, 특히 땅 투자의 핵심인 급소가 무엇이랴. 바로 접근성이다. 접근성이 낮다면 현장감도 낮을 터이고 인구도 감소세를 면치 못할 것이다. 복싱 세계챔피언에게 기자가 승리의 비결을 물었다.

"승리 요인은?"

"상대 급소를 집중적으로 노렸습니다"

부동산 투자 성공자에게 기자가 성공 비결을 물었다.

"성공비결 좀 알려주시죠?"

"부동산의 급소를 집중적으로 노려 보았습니다"

복서가 평소 훈련하는 건 적의 급소를 모색하는 것이다. 상대를 철저히 분석하여 경기에 임한다. 예비투자자가 평소 공부하는 건 부동산 급소의 모색일 것이다. 현장답사 역시 매한가지 입장이다. 급소를 모색하는 과정이다. 그런 훈련이, 공부가 충족되었을 때 비로소 투자전선에 무난히 안착, 입성하는 것이리라.

부동산의 급소 − 기회의 다른 말. 급소 모색 과정이 바로 반전의 기회일 수 있기 때문이다. 부동산이 큰 부동산과 작은 부동산으로 나뉘는 것처럼 급소도 마찬가지 입장이다. 작은 급소와 큰 급소 중 큰 급소를 모색할 수 있다면 개별적으로 큰 성공을, 만족도 높은 성공을 접할 수 있을 것이다(작은 급소의 예-한 지역의 건축물 분포도, 큰 급소의 예-인구동태). 급소를 제대로 찾았다면 인구동태파악이 수월할 것이다. 전체적으로 젊은인구가 감소하고 있지만 땅값하락이 힘든 이유가 무엇인가. 위치 좋은 곳엔 젊은인구가 집중적으로 몰리기 때문이다.

부동산의 특징 중 하나 – 비공정성(차별 및 희소성의 부산물)

아파트 시대는 끝났다고 본다. 집값불안과 월세불안의 증상이 심각하다. 누구도 막지 못한다. 역전세란과 월세폭증시대를 우려한다. 공급과잉현상이 심하다. 심각하다. 비역세권의 빌라와 원룸이 비어 있는 경우가 태반. 월세 거래량이 감소세다. 부득불 월세주인은 전세주인으로 급전환 중이다. 집주인 입장에선 집을 장기간 빈 공간으로 비워 둘 수는 없지 않은가. 빈 공간의 주거시설이 무성한 지역은 그 지역의 부동산 가치를 떨어뜨린다.

바야흐로, 집 시대는 가고 땅 시대가 도래할 것으로 보인다. 집의 기초, 원료가 곧 땅 아닌가. 물리적+행정적으로 말이다. 땅을 제대로 안다면 부동산 매수작업을 수월히 수행할 것으로 보인다.

기초가 부실한 건축행위는 사상누각, 위험물에 크게 노출된 지경이다. 기초가 부실한 문외한 역시 위험에 크게 노출된 상황이다.

하수에서 적극 탈피할 수 있는 또 하나의 여정 – 고수와 하수의 차이는 크다. 고수는 자신감과 확신으로 중무장한 상태이나, 하수는 관심과 호기심, 그리고 의심이 한데 어우러진, 뒤섞인 상태이기 때문이다. 하수와 문외한이 부동산 투자확률이 높지 않은 이유는 무작정 100% 완전무결한 부동산을 찾기 때문이다. 자신은 부족한 상태지만 완벽한 물건을 찾아헤맨다. 그러나 현실적으로 100% 완전무결한, 무결점의 결정체(부동산 하드웨어)는 존재할 수 없다. 완벽한 사람이 없는 것처럼 말이다. 결혼이란, 미완성 결정체. 완성탑을 쌓는 과정이 바로 결혼생활의 정의이기 때문이다. 부동산 역시 이런 의미를 부여한다. 미완의 재화로서 완성을 목표로 전진 중인 것이다. 환금화 여정을 밟는다. 결국, 결혼이나 부동산이나 두 사람(남녀배우자, 매도매수인)이 5:5 서로 부족한 결점들을 채워주는 것이리라. 곧 결과가 아닌 경과(과정, 여정)인 것이다. 땅이라는 미완의 부동산 역시 부동산주인 역량, 역할에 따라 부족한 부분을 채워가는, 수정+보완해 가는 과정인 것이다. 완벽한 땅은 '땅'이 아니다. 땅 고유의 특징이 미완의 재화 아니랴. 땅은 지상물, 건축물(완성물)의 일부분이기 때문이다. 땅의 조감도(과정이므로)가 긴요하다. 집 입장에선 조감도는 과거의 과제물에 불과하다. 땅을 투자종목으로 여길 때 개발청사진이라는 그림은 절대적으로 필요하다.

(땅의 개발청사진 및 조감도와 전혀 무관한) 그림을 투자종목으로 여기는 사람도 있다. 순금과 더불어 말이다. 그림과 땅의 차이점은 무엇일까. 그림값은, 그림 주인(화가)의 역할이 중요하다. 땅으로 치면 위정자 역량

인 것. 일반적으로 그림은 화가의 브랜드가치와 정비례한다. 땅값 역시 땅 주인 역할이 지배적이다. 그러나 이중구도를 그린다. 땅 주인의 역량에 따라 달라진다(실수요가치). 땅 주인 역량과 무관하다(투자가치). 개발청사진과 조감도라는 그림이 긴요하므로. 요컨대, 땅은 땅의 위치가 중요하나, 그림은 화가 이름이 중요한 것이다. 화가의 위치(신분정도와 위세)가 주요변수다. 주변변수가 중요하지 않다. 그러나 개발청사진이라는 그림은 위치와 변수가 중요하다(그림을 투자종목으로 여기는 자 입장에선 화가 명성도가 중요+주요변수). 땅은 그림이 필요하다. 그림 위치가 중요하다. 대신 위정자가 아닌 화가가 그린 그림은 그림 위치를 가치로 여기지 말아야 한다.

땅, 그림, 개발청사진(과 조감도)의 공통점 − 겉이 깨끗하다고 속까지 깨끗하다고 단언할 수 없는 것. 그림과 개발계획도와 조감도를 구분하지 못했다면 평생토록 하수인생에 머물 수밖에 없다. 화려한 그림에 속지 말지어다. 성능이 탁월한 냉장고를 구입한다해도 그 기계 사용법을 인지하지 못한 상태라면 사용 및 존재가치는 거반 무용지물일 터. 땅 역시 매한가지다. 땅의 성능과 그 사용법, 활용법을 인지하지 못한 상태라면 큰일 치를 공산이 높다.

부동산의 사진값과 그림값(가치) − 부동산은 땅을 제외하곤 공간이 공존하여 한 지역에서 그 존재감을 여러 인구에게 알린다. 공고한다. 부동산의 존재감은 사진과 그림을 통해 주변에 알린다. 공고한다. 공유한다. 사진으로만 정해진 부동산은 잠재력을 기대할 수 없다. 부동산에서의 사진은 바로 실물의 존재다. 그림은 상상의 존재를 의미한다. 즉 사진은 현재의 모습을 적극 대변하는 것이다. 주택이 그 좋은 실례다. 현장 모습 속에서 주택이라는 작은 공간을 목격한다. 반대로 그림은 미래의 모습을 소극적으로 대변한다. 구체적이지 않아서다. 토지가 그 실례. 개발청사진과 조감도 도움으로 땅의 미래가 진보하는 것이다.

투자 – 사진(현재)과 그림(미래) 사이

사진과 그림(개발청사진과 조감도)을 함께 보고 투자하는 행위는 땅투자이다. 사진만 보고 매수하는 경우도 있다. 그건 집 매수행위이다. 잠재력 보고 집을 매수하는 자는 예비 하우스푸어일 것이다. 끊일 줄 모르는 집값 불안요소가 그를 반증한다. 개발청사진 믿고 매수하는 지상물이 없는 건 아니다. 견본주택 보고 아파트 매수여정을 밟는다. 선분양후시공형식이다. 개발청사진이 실물과 같지 않은 양 견복주택의 경우도 매한가지 입장이다.

개발청사진의 단점 중 하나. 거품에서 자유롭지 못하다는 점일 것이다. 거품가격과 폭등가격은 전혀 다른 의미다. 거품가격은 곧 **빠질** 가격으로 불안정적인 가격이므로. 미거래 온상을 만든다. 폭등가격은 앞으로도 계속 오를 수 있는 가격이다. 거래량 증가도 기대된다. 수요 및 투자자의 집중 몰림 현상도 기대되는 입장이므로. 가격의 머리에서 거품 냄새가 진동한다면 투자자는 접근을 금지한다. 거품가격은 단기간 내 형성된 비만도 높은 의미 없는 가격이라서다. 개발계획이나 뜬소문에 의해 형성된 살 찐 가격이다. 폭등가격은 장기간에 걸쳐 형성된 가격이다. 현재진행형이다. 거품가격 대비 생명력이 강하고 수명이 길다. 가격거품세력은 단기간 지속하나, 가격폭등세력은 장기간 지속한다. 개발계획 및 개발청사진은 거품이 심히 우려되는 상황. 개발진행상태는 오름세에 대한 기대감이 증폭되는 지경이다.

그림(의 값) – 거품에 유의하지 않으면 안 된다.

사진(의 값) – 시세 형성의 자료로 응용할 수 있다.

실례) 눈물과 땀이 들어간 가격. 허풍과 허수가 함께 들어간 가격.

폭등세는 현재와 미래의 합일체이지만 거품은 미래가 전부. 투기세력의 결과가 곧 거품이요 투자자가 집중 몰려 형성된 가격이 폭등가격이다. 투자자가 좋아하는 가격이 폭등가격이다. 거품가격이 아니다. 그림값은 비현실적인 가격이다. 가격기준선이 없기 때문이다. 현장 없이 가격을 가늠한다. 사진값은 현실적인 가격이다. 가격기준선이 존재하기 때문이다. 현장을 보고 가격을 결정한다.

땅 문외한에게 전하고 싶은 말

땅 투자하는 이유는, 지상물이 갖고 있지 않은 땅 고유의 특징 때문일 것이다. 특히 땅만이 가지고 있는 창조력에 매력을 크게 느낄 수 있을 것이다. 창조력은 곧 잠재력으로 승화+비화되기 마련이다. 땅이 창조력을 발휘할 수 있는 건 땅은 미완의 부동산이기 때문이다. 미래의 크기가 크다. 밝다. 미래를 만들 수 있기 때문에 가능한 시나리오다. 마치 아이의 미래인 양 장래에 대한 기대감이 높다. 크다. 성장과정(용도변경과정)이 중요하다. 부모(부동산주인)의 역할+역량이 중요한 변수다. 땅값과 땅 가치가 다양할 수밖에 없는 이유다. 부모 역할 역시 다양할 수밖에 없으므로.

땅의 시세가 따로 정해진 게 없다. 가격이 따로 정해지지 않는다(단, 정지상태의 땅은 죽은 땅. 인적이 드문 야생동식물만 존재하는 곳일 테니까). 땅값이 들쭉날쭉 기준선이 없는 이유가 무엇일까. 가격 투명도가 낮기 때문일 것이다. 역시 개별공시지가와 시세가 확연히 다르기 때문이다. 단돈 몇 천원에 지나지 않은 땅이 단기간 내에 수십 만원을 호가하는 경우가 땅에서 나타난다. 다른 종목에선 도저히 일어날 수 없는 일이다. 개발계획이 발표되면서부터 가능한 일이다. 그러나 지상물은 이와는 그 성격이 사뭇 다르다. 가격선이 정해져 있어 개별성이 낮다. 역시 개별공시지가와 시세가 거의 같기 때문이다. 완성물이므로 땅에 비해 투명한 편이다.

땅은 면적이 다양하다. 가격이 다양한 까닭이다. 집, 상가 등은 면적이 단순한 편이다. 가격이 단순한 까닭이다. 완성물은 미완성물 대비 극소수에 지나지 않아서다. 즉 미개발지가 개발지보다 훨씬 많은 수를 차지하고 있는 것이다. 양적으로 상업지역이 녹지공간보다 훨씬 적을 수밖에 없기 때문이다. 생각과 달리 부동산 구조는 그다지 복잡하지 않다. 땅 상태 이외의 것은 이미 정해진 상황 아닌가. 잠재력은 다양성을 내포한다. 개발청사진을 그릴 수 있는 터전이 땅이다. 개발청사진을 그린 상태가 바로 지상물 상황인 것. 곧 완성물인 것이다.

거품이 빠진 '작은 가격'이 대세다. 작은 부동산이 대세인 시대와 무관치 않으리라. 1인 가구 500만 시대(520만3000가구로, 전체1911만1000가구 중 27.2%를 차지. 2016년 현재). 작은 부동산의 수요가 많다. 큰 면적의 땅은 미개발지일 가능성이 높다. 큰 부동산의 수요가 감소하고 있다. 작은 면적의 땅은 소액투자가 가능하다. 수익형부동산 중 강남3구에 위치한 입지의 소형상가용빌딩이 인기다. 같은 수준의 오피스빌딩 대비 공실률이 낮아서다. 큰 빌딩의 경우, 작은 빌딩 대비 공실률이 높은 편이다. 소액투자가 버겁고 큰 덩치를 관리 하기 힘들다. 큰 공간 채우기 힘들다. 중소형아파트가 중대형아파트 평당가를 웃도는 시대다. 입지와 지역별로 다르겠지만 말이다.

작은 땅의 단점 – 평당(3.3제곱미터당)**가격에 거품이 주입될 수 있다.**

작은 부동산주인들이 큰 소리 치는 시대다.

큰 땅의 장점 – 분할 등 개발에 필요한 작업이 수월치 않다. 개발명목(필요성, 타당성)이 강하지 않는 한 개발이 힘들다.

큰 부동산이 밀집되어 있는 도시 – 인구유입속도가 굼뜰 수 있다.

작은 부동산이 밀집되어 있는 도시 – 인구유입속도가 빠른 편이다.

부자의 수보다 서민의 수가 더 많아서 이런 현상이 연속적으로 계속 일어날 수 있는 것이다.

체격이 크다고 해서 무조건 체력(잠재력과 인내력, 내구력)이 강한 건 아니다. 문제는, 원도심에 부는 재개발 바람이다. 작은 부동산이 밀집되어 있는 곳에 큰 부동산이 갑자기 들어선다면 기존 도시를 유지했던 작은 부동산 이미지가 변색과 쇠락의 길로 접어들 수 있는 것이다. 소위 굴러온 큰 돌(돈)이 박힌 작은 돌들을 뿌리 채 흔들어 뽑아 버리려는 큰 욕망이 문제인 것이다. 용도가 변경되는 바람에 오래된 작은 부동산의 하드웨어는 가치가 떨어지고 대지지분(땅값)만 급등세다. 다행히 원주민이 재개발 프로젝트에 참여할 수 있는 능력(자금력)이 있다면 문제 될 게 없으나, 재개발에 반기를 드는 입장이라면 그 도시를 떠날 수밖에 없다. 땅값만 보상 받고 떠날 수밖에 없다. 그동안 쌓아놓은 권리(권리금, 프리미엄)는 전혀 행사할 수 없다. 한 지역에 용도변경이 되면 희망과 절망이 동시에 발생한다. 희생 없는 반전효과는 없다.

땅 관심 많은 자에게 전하는 고언

땅을 향한 맘은 둘이다. 의심과 관심이 바로 그것인데 분명한 건 후자가 긴요하다는 것이다. 의심이 50% 넘으면 투자 포기다. 대신 관심이 50% 넘으면 투자할 만하다. 일단 예비투자자 자격이 주어진다. 관심 많은 자에게 필요한 것은, 제대로 정립된 눈높이다. 부동산의 눈을 제대로 볼 수 있는, 보는 방법이 필요하다. 눈높이는 제각각이다. 상이하다. 보는 눈이 다르다 보니 좋은 땅의 기준이 제각각이다. 경험자와 비경험자의 차이가 구체적으로 확연히 분출되는 것이다. 기본을 고수하고 변수를 응용할 수 있는 힘이 필요한 지경. 그 힘이 바로 기술인데 그걸 노하우라고 하는 것이다.

땅을 보는 방법과 관점은 다양하나, 기본 수호를 필수덕목으로 여기지 않으면 안 된다.

1. **사람 보는 방법**(기준) - 바른 컨설턴트 선택(아파트전문가, 토지전문가 등. 이를 테면 내과전문의, 외과전문의가 있듯 부동산전문가 역시 경매에 도통한 전문가가 있는가 하면 토지전문가도 있는 법. 물론, 전 분야에 걸쳐 능통한 사람도 있을 수 있지만 집중도 면에서 차이가 클 것이다). 사람을 제대로 보는 방법으로 현장도 보아야 할 것이다. 현장 인구 동태 파악방도가 중요하다. 현장에서의 눈높이 역시 제각각이다. 그러나 보는 기준은, 기본은 존속한다. 경제활동인구의 동력을 어떤 시각으로 보느냐가 미래의 척도가 될 것이다.

2. 서류 보는 방법(잣대) - 예컨대 지적도 보는 방도를 제대로 인지한다.

3. 현장 보는 방법(기준) - 주변 동태 파악방도(예. 도로 보는 방법. 역시 보는 눈이 천양지판, 천차만별이다. 도로 역시 위치가 중요하므로)

좋은 땅의 기준이 개별적인 이유(주관적) - 개별적으로 눈높이가 다양하기 때문이다. 사물(예. 인물이나 건축물)을 보는 시각차가 클 수 있다. 부동산 매수 전엔 숱한 선택의 과정을 겪기 마련이다. 선택의 연속이다. 판단력이 떨어지면 가치 떨어지는 부동산과 연을 맺을 확률이 높다. 보는 방법을 제대로 인지하지 않으면 안 되는 이유다. 개발 시 원형지, 생지 개발이 불가피한 이유가 무엇인가. 주거지역 14%, 상업 및 공업지역은 각기 1.8%, 6.5%에 불과하고 녹지지역은 71%에 이르기 때문이다. 좋은 부동산의 기준 중 주요사안은, 조망권과 접근성일 것이다. 조망권이나 접근성이나 모두 프리미엄의 재료이기 때문이다. 그러나 조망권은 좋으나, 접근성이 떨어지는 경우의 수가 발생할 수 있다는 점을 견지하지 않으면 안 될 것이다. 조망권의 종류는 산 조망권과 강 조망권으로 나뉠 수밖에 없기 때문이다. 바다 및 호수, 개천 조망권 등으로 분류할 수 있기 때문이다. 조망권과 접근성은 서로 반비례 관계다. 조망권이 탁월할 수록 접근성은 낮아질 수밖에 없기 때문이다. 조망권의 강력한 원동력은 대자연의 존재성이지만 접근성의 원동력은 대자연과 거리가 멀다. 대도시와 근접해서다. 즉 조망권은 대자연을, 접근성은 대도시를 중요시 여기는 것이다.

전원생활의 주요변수(원료) – 다양한 조망권(강 조망권+산 조망권)

예) 배산임수(背山臨水) : 산을 등지고 강을 바라보는 지세

　문외한의 경우, 조급증에 시달리는 것 같다. 1년 안에 되팔아 주겠다는 업자 말을 맹종, 맹신하는 일이 다반사다. 무조건 부동산을 많이 가지고 있는 자를 부동산 부자라고 말할 수 없다. 가치 높은 부동산 보유자가 부동산 부자이기 때문이다. 부자의 기준이 분명히 존재한다. 매도가 쉽지 않은 땅, 환금성이 뒤떨어지는 땅은 접근성이 떨어지는 땅일 것이다. 이런 땅을 많이 가지고 있다면 이 경우 땅 부자라고 할 수 있을까. 현금화 하기 쉽지 않을 것이다. 100평(330제곱미터)이지만 접근성 높은 땅을 가진 자가 땅부자다(소형부동산시대답게 대형 땅보단 소형 땅이 대세, 인기다). 환금성이 높다. 내 의지대로 팔 수 있다. 내 의지와 상관없는 땅 주인은 땅 거지와 진배 없다. 요는, 부동산 부자의 기준은 수(양)보단 질이 우선인 것이다. 큰 부동산을 많이 가지고 있는 부동산주인보다 작은 부동산을 보유한 자가 유리하다. 환금화 과정에서 유리한 고지에 설 수 있기 때문이다. 소액투자자가 대다수일 뿐더러 지금은 1인 가구 500만 시대 아닌가. 20~30대 여성 10명 중 4명이 혼자 산다. 1인 가구다. 시대에 순행하는 투자자세가 필요한 때이리라.

왕초보에게 필요한 지혜

부동산을 바라보는 관점차는 개별적으로 엄청 클 수 있으나, 역시 기본은 항시 존속하기 마련이다. 사물자체를 근시안적으로 본다면 당장의 눈앞에 이익에 사로잡혀 앞일(미래)을 예상할 수 없을 것이다. 예컨대 작은 규제에 맥 못 추는 경우다. 퇴보할 수 있는 지경이다. 원시안으로 본다면 멀리 볼 수 있는 눈높이를 유지할 수 있다. 눈높이 조절이 가능하다. 타당성과 합리성 등이 보장된 개발계획도를 견지하는 것으로 진보할 가능성이 높아 잠재성에 관한 기대감이 높다. 난시안도 있다. 난시의 눈으로, 큰 거품을 볼 수 없어 늘 우왕좌왕한다. 줏대 없는 투자의 모드다. 묻지 마 투자할 가능성이 높다. 자신의 처지보다 눈높이가 높을 수도 있기 때문이다.

부동산은 비판 대상. 특히 가격 비판이 많은 편이다. 부동산 가격이 천차만별, 다양성이 내포되어 있다보니 가격을 알아보는 과정에서 정계약 해약하는 사례가 빈번하다. 따라서 땅투자 시 가격을 알아보는 대신 개발사안에 대한 정확한 해명과 규정을 조율하는 편이 개별적으로 유익할 것이다.

땅값의 종류가 땅의 종류(28개 지목)의 지배를 받는 건 아니나, 집값의 종류는 어느 수위 지배 받는 입장이다. 집은 완성물로서 지목이 대지인 게 분명하므로. 물론 지역과 그 위치의 변화에 따라 가격이 상이

할 수 있으나, 땅 대비 여전히 가격의 종류는 단순한 편이다.

땅의 종류는 다양하다. 산속의 땅(예-임야), 산밖의 땅(예-전답 등), 강 속의 땅(미존재-공유수면매립 등 신규등록은 제외, 강밖의 땅 상태는 존재한다), 강 인근(물 규제의 땅으로, 예컨대 상수원보호구역 안에 해당) … 땅은 자연(녹지수준)을 제외하고 말할 수 없다. 산과 강이 곧 자연이므로. 산과 강을 중심으로 개발을 한다. 그렇기 때문에 땅의 종류를 위와 같이 정한 것이다. 자연을 중심으로 한 개발이 필요하기 때문이다. 규제 없는 땅이 없는 것이다. 규제를 무서워할 필요 없는 이유다. 규제의 정도만 감지할 줄 알면 그만인 것이다.

초보자의 부동산으로의 접근 방도는 두 가지로 점철된다. 교과서로 공부하는 것과 참고서로 공부하는 것이다. 하나 초보자가 교과서와 참고서를 구분할 수 있을 지 의문이 든다. 교과서는 부동산공법 등 법률과 규칙 등의 상수책으로 객관적 자료로 이용 가능하다. 활용범위가 정해져 있어 안정적이다. 참고서는 노하우책이다. 변수가 기술되어 있다. 주관적 재료이므로 위험할 수도 있다. 안정적이지 않다. 갖가지 변수를 기록한 개성이 강한 책이기 때문이다. 각종 신문자료도 참고서 역할을 한다. 역시 다양한 변수 때문이다. 지자체 개발자료 역시 그 수준에서 크게 벗어날 수 없다. 계획이 변경되거나 변질되는 경우의 수도 있을 수 있기 때문이다. 그저 참조사안으로 응용, 활용하겠다는 다짐이 긴요한 까닭이다. 활용가치가 100%일 수는 없다. 부동산정보는 참고서를 응용할 것이지만 만약 부동산정보를 교과서 통해 알아본다면 낭패보기에 십상이다. 상수 상태로 고정적 성격을 지녔기 때문이다. 변수 공부 및 분석 과정을 밟는 이유는, 시행착오를 최소로 만들기 위해서다. 변수 공부는 상수 공부가 끝난 후 해야 한다. 기초(1층) 없이 2,3층 이상을 건축하겠다는 건 위험천만한 사고이기 때문이다. 상식과 지식은 상수로 교과서 활용을 요한다. 상식과 예상 외의 상황은 지혜라는 변수를 응용한다. 참고서 활용을 요한다. 상수는 현재의 상태를 강조하고 변수는 현재 이외의 것들로 과거보단 미래에 집중하는 스타일.

부동산의 눈은 소포트웨어 중 하나. 큰 눈과 작은 눈으로 대별할 수 있기 때문인데 전자는 미래요 후자는 현재 상황을 말한다. 부동산의 문은, 하드웨어(무기물) 상태. 대문과 소문으로 대별된다. 후자는 뜬소문과 비슷하여 거품에 항시 주의해야 한다. 큰 문은, 큰 공간(대자연상태, 녹지공간)으로 개발 이전의 모습이다. 작은 문은, 각종 건축물이나 지상물을 말한다. 큰 문을 지킬 수 있는 인구는 유동인구요 작은 문의 문지기는 고정인구이다.

부동산 구입하기 전에 반드시 체크할 사안 – 부동산 하수와 고수의 차이는 개념의 차이일 것이다. 개념(목표의 방향과 과정, 목표점)이 전무한 지경에서 움직일 자가 바로 하수이기 때문이다. 자신의 몸값, 가치(처지)도 모른 채 무작정 부자(목표)를 향해 질주한다면 큰 실수를 저지를 수 있다. 쳐다보지 말아야 할 거목에 희생양 될 수 있다. 거목의 그림자로 말미암아 눈앞이 어둡다. 절망이다. 자신의 경제크기 대로 움직이지 않으면 안 되는 이유다.

부동산 매수자는 세 종류로 대별, 대변되는 법.

1. 투자 명목

2. 실수요 명목

3. 투자 겸 실수요 명목으로 움직이는 경우

대부분의 매수자들은 3번에 해당할 줄 안다. 투자에 관한 욕심이 없는 사람은 없을 테니까. 부동산을 실수요 명목으로 움직이는 자가 보는 급소부분과 투자 명분으로 움직이는 자가 보는 급소부분은 다르다. 만약 같다면 결과가 형편 없거나 갈팡질팡할 것이다. 부동산 실수요의 경우, 삶의 질적가치에 집중한다. 인구증가와 가격상승에 크게 신경 쓸 필요 없다. 환금성이 걱정거리가 될 수 없기 때문이다. 이슈거리 모색할 필요 없다. 물리적인 환경조건에만 집중하면 그만인 것이리라. 반대로, 투자자의 경우엔 인구증가세와 가치변화에 예민한 반응을 보일 수밖에 없다. 인구감소세가 확연한 부동산은 환금성이 매우 낮기 때문이다. 가격상승에 문제점이 노출된다. 인구가 감소하면 지역적(큰 공간) 가치가 떨어져 부동산(작은 공간) 가치마저 문제가 생길 수 있다. 특히 유동인구보단 고정 및 주거인구의 역할이 중요하고 노인인구보단 젊은인구의 활동량이 중요한 것이다.

역세권 부동산의 경우, 투자자와 실수요자 입장은 상이하다. 투자 명분으로 움직이는 경우와 실수요 명분으로 움직이는 경우가 방향이 다르다. 알아볼 급소 사안이 다를 수밖에 없다. 투자 명분은, 접근성과 역세권의 인구분포도를 알아본다. 실수요 명분인 경우는, 매연, 소음 등 물리적 요인에 신경 쓰지 않으면 안 된다. 실수요가치란 삶의 가치에 투자하는 여정이므로. 공간에 투자하는 것은 실수요 과정이지만 '비공간(땅)'에 투자하는 행위는 투자가치에 집중하는 일이리라.

돈으로만 움직이는 자 – 실패자(돈만 믿는다. 출발선도 돈이요 종착점도 돈인 법. 안전성보단 수익성의 지배를 일방적으로 받는다)

돈과 바른 길(세 가지 길 분석 가능)**을 통해 움직이는 자 – 성공자 모드**

어리석은 행동 중 하나. 실수요 명목으로 움직였던 자가 갑자기 투자자로 변신하여 손해 받다고 주변사람들에게 볼멘소리하는 경우다. 반대로 투자 명분으로 움직였던 자가 갑자기 실수요 명분을 내세우는 경우도 있는 데 이는 분명코 위험한 사고다. 토지활용을 할 수 없는 귀로에 놓였기 때문이다. 개별적인 개발이 힘들다. 애초 국가차원의 큰 개발을 모토로 투자를 했기 때문이다. 개인적인 개발과 국가적인 개발 모두에 신경 쓰기 힘들다. 실수요 겸 투자 개념이 힘든 까닭이다. 몸은 하나인데 두 마리 토끼를 잡으려한다. 무리다. 하나의 몸이 동시에 두 길을 갈 수 없는 것이다.

'땅은 브랜드 가치가 아니다'
땅은 브랜드가치에 절대적으로 일방적으로 지배 받으면 안 된다.
지역브랜드와 용도에 일방적으로 지배 받으면 거품가격에
희생양이 될 수 있어서다.

99

Chapter 02

시행착오 팍! 줄일 수 있는
땅투자 노하우

시행착오 팍! 줄일 수 있는 땅투자 노하우

땅 구입 시 실수요 명목으로 움직일 것인지, 아니면 투자 명목으로 움직일 것인지,
그리고 두 가지 명분을 가지고 움직일 것인지,
잘 인지하는 것처럼 답사 역시 투자 명분과 실수요 명분은 확연한 차이가 있으므로
답사 전에 자신의 처지와 부동산 매수 명분을 제대로 관철할 필요 있다.

투자 시 실수를 팍 줄일 수 있는 습관(행동)

부동산 투자에 실패한 사람들에겐 공통점이 있다. 순리에 역행하는
행동을 서슴지 않는다는 점이다. 지식(학식, 법칙, 기초)을 통해 지혜(부동산
노하우)를 터득해야 하건만, 반대 입장에서 부동산을 견지하려 든다. 무
리수를 둘 수밖에 없다. 기초를 완벽하게 구비하고 나서 노하우를 생
산해야 하는 것이다. 기초란 상수, 즉 고정적인 요소로 법칙을 말한다.
반면 노하우는 변수 연구과정이라 말할 수 있다. 기초는 객관적이지만
노하우는 개인적, 주관적이다. 노하우는 그 종류가 많지 않다. 주관적
이기 때문이다. 돈 버는 방법은 여러가지 존재할 수 있지만 실상은 다
르다. 방안이 많지 않다. 급소가 많지 않기 때문이다. 핵심사안은 개별

적으로 자신 만의 무기인 것. 남에게 쉽게 발설, 오픈하지 않는 이유다. 마치 로또 1등 당첨자가 자신을 대대적으로 오픈하지 않은 양 비밀에 부친다. 100%의 노하우 중 일부분만, 작은 힌트만 오픈할 지도 모른다. 노하우 가진 자의 특징이다. 개인의 처지와 사고가 각양각색으로 다 다르기 때문에 자신의 체질과 사고에 맞게 움직이지 않으면 안 되는 것이다.

여하튼, 기초를 잃은 채 노하우만 체득하려든다면 사상누각에 불과해 위험수위가 높을 수밖에 없다. 수익성을 우선으로 하니 말이다. 안전성 확보가 안 된 수익률은 거반 실패율만 높이는 격이다. 부동산 관련 책을 구입하는 과정 역시 중요하다. 하수는 부동산으로 돈 버는 방법이 기술되어 있는 책부터 구입해 구독하는 습관이 있다. 나쁜 습관이다. 기초가 부실한 상태에서 수익성에만 매진하는 안 좋은 습관이다. 기초를 튼튼하게 설립(정립)하기 위해선 부동산공법 등 부동산 기초를 기술한 책부터 구입하여 구독하는 게 순리다. 부동산 세미나 참석하는 것도 매한가지다. 기초적인 상식을 기술한 부동산학개론 등을 보는 게 순서다. 기초과정이 그려진 책을 보지도 않고 무조건 남의 돈 버는 방법만 듣겠다는 건 무리다. 마치 우물가에서 숭늉 찾는 격이라 결코 진보적일 수 없다.

땅 투자자가 반드시 인지, 견지할 사안들

땅 투자하기 전에 투자자가 반드시 인지할 사안은 다음과 같다.

1. 땅값 오를 수 있는 원인, 재료를 연구분석한다. 이를 테면, 택지개발
과 그 주변의 개발효과를 관찰한다. 땅값 오름세의 영향이 단순한 소
문이라면 거품이 주입된 가격이라 별 의미 없는, 생명력 없는 부동산
으로 잔존할 수도 있다. 땅값 상승세력에 대한 생명력이 길지 않다.

2. 땅 개발의 타당성과 필요성을 견지한다. 불요불급한 개발사안인지
제대로 인지하지 않으면 안 된다. 컨설턴트 입장에서 바라보지 말고
투자자 입장에서 바라보는 게 낫다. 컨설턴트의 말은 참고상황에 가깝
기 때문이다. 자신의 책임하에 움직이는 게 투자자의 바른 기본자세일
것이다.

3. 땅값 떨어지는 요인들 – 고정 및 주거인구의 감소, 노인인구의 증
가와 노동인구의 파괴, 준노숙인 및 실업자 급증 등. 일거리가 파괴된
지역이라면, 그런 지경이라면 희망 없다. 지역노동력이 곧 지역잠재력
아닌가. 놀고 있는 땅이 많은 곳에 희망이 없는 것처럼 놀고 있는 비어
있는 공간이 많은 지역이라면 그 역시 희망선 타기 버거운 지경. 희망
의 동력을 알아볼 길이 전혀 없는 것이다. 결국, 지역가치는 인구의 가
치와 연결된다. 인구의 질이 부동산의 질인 법. 땅 투자자가 공부하는

부동산 공부는 결국, 인구 공부과정인 셈이다. 사람 공부하는 과정이 곧 부동산 공부인 셈. 비어 있는 부동산엔 소망과 사랑을 찾을 수 없다. 비어 있는 화려한 부동산엔 희망이 없다. 비록 늙고 낡은 건물일지라도 젊은인구(젊은부동산주인)로 꽉 찬 공간의 부동산이라면 투자가치가 높은 곳이다. 빈 부동산은 절망적인 공간을 말하지만 꽉 채워진 공간의 부동산은 희망을 적극 대변할 만한 공간인 것이다. 다만, 공간이 없는 땅은 한 지역을 간접적으로 채울 수 있는 투자자의 모드를 통해 견지가 가능할 것이다. 투자자가 전무한 지경의 땅 상태라면 그 지역 역시 희망 없다.

주거단지가 고정인구를 흡입한다

지역 발전(진보)+반전을 위해선 반드시 '단지'를 필요로 한다. '준오지(중소도시 수준)' 속에 조성된 단지가 지역 발전의 한 획이 될 수도 있다. 단지(團地)는 주택, 공장, 작물 재배지 등을 계획적+집단적으로 만들어 놓은 비교적 대규모 공간이기 때문이다. 한 지역의 단지는 규모(면적)를 적극 대변한다. 단지 규모도 다양하다. 전원주택단지와 아파트단지 규모의 차이는 클 수밖에 없어서다. 인구 면에서 극명한 차이가 난다. 젊은인구와 노인 및 은퇴인구로 대별되는 형국 아니랴. 단지의 질적가치는 입성할 만한 인구의 질적가치와 정비례한다. 전원주택은 전용주거지역에, 아파트는 일반주거지역에 입성하기 때문이다. 전용 주거지역은 제1,2종으로, 일반주거지역은 제1, 2, 3종으로 점화되는 지세. 인구의 다양화 측면에서 극명한 차이가 발현할 수밖에 없다.

도시(전 국토의 16%에 이르는 도시지역 내에 90% 이상의 인구가 집중 몰린 지경) 형성과정 중 단지가 출현하는데 이는 지극히 자연적인 현상이다. 다만 서울특별시는 예외일 수 있다.

경기도 및 일부 대도시 사례)

산업단지(공업단지)+관광단지(휴양단지)**+주거단지 = 필요 공간**

일부 중소도시 사례) 애물단지 = 불필요한 공간

만약 위의 것들이 함께 공유, 공존하는 입장이라면 잠재력이 클 것이다. 단순히 한 지역이 관광단지로, 관광도시로 존속+잔존한다면 거반 무용지물, 존재감이 낮아질 것이다. 존재가치에 대한 기대감이 낮아진다. 경기도 평택시와 화성시의 잠재가치가 높은 이유가 있다. 이들 지역은 관광단지이자 주거 및 공업단지의 대명사라고 해도 과언이 아니다. 오지가 오지신세에서 벗어나기 힘든 이유는 하나. 관광단지 하나가 지역랜드마크가 된다. 그 외 가치의 여유가 없다. 갑자기 공업단지가 발현하기 힘든 것이다. 곧 도시의 공간(주거지역+상업지역+공업지역+녹지지역)의 한계점은 낮은 입지(자연환경)와 관련 있는 것이다.

주거지역은 주거단지의 원동력이다. 공업지역과 녹지지역은 각기

산업단지와 휴양단지의 원동력(원료)이 될 만하다.

도시지역 – 도시지역의 경쟁자(라이벌구도)는 비도시지역

비도시지역 – 도시지역의 영원한 경쟁자다. 갈수록 도시지역공간은 넓어지고 계획관리지역공간은 커지고 있다.

미지정지역 – 미개발공간을 적극 대변하는 처지. 국유지와 시유지, 공유지, 군유지의 미래가치는 아무도 모른다. 변수가 심하다. 주인이 자주 바뀔 수 있는 게 한 지역의 희망선이 될 수도 있다.

대한민국 국토 안엔 주거단지가 대부분을 차지한다. 그 이유는 하나. 주거인구가 고정인구를 대변, 흡수하는 입장이기 때문이다(지금은 직주근접형 부동산이 대세 아니랴. 즉 주거인구는 고정인구와 직접 연결된다. 역시 1인 가구 500만 시대와 결코 무관치 않으리라).

한 지역에 꾸준히 주거인구가 급증한다면 잠재력이 높아질 것이다. 주거인구 폭증에 따라 각종 기반 및 편익공간이 덩달아 급증할 수 있으니까. 아파트 위력은 예전만 못하나, 공급과잉의 광풍 속에서도 여전히 아파트는 급증세다. 건설사를 함부로 죽일 일은 절대 없으므로. 대기업은 건설사를 계열사로 둔다. 땅 보유량이 어마어마하다. 양적으로 화려하고 질적으로 가치가 높다. 대기업이 들어서는 곳에 땅을 사라는 부동산 격언도 있다. 투자자 발길을 잡을 수 없다. 아파트 공급이 끊어질 수 없는 이유다. 투자자가 급증세다. 대기업 인근을 보라. 아파트 등 주거단지가 존속한다. 주거지 터가 존속한다. 이들을 위한 위락

시설도 존재한다. 대기업과 중소기업의 차이는 크다. 중소기업과 전원주택단지가 어울리듯 대기업은 대규모 아파트단지와 잘 어울린다. 지방의 대기업 인근을 보라. 아파트 위용을 인위적으로 막을 길 없다. 고용인구가 증가한다. 고정인구가 곧 주거인구인 법. 직주근접을 바란다. 기대한다. 접근성을 바라는 것이다. 존재감 높은 주거단지는 고정인구 흡입력이 크다. 세다. 다만, 산업인력보단 기계 의존도가 높다면 큰일이다. 기대감이 낮아질 수 있기 때문이다.

목적 따라 달라지는 현장답사의 눈

땅 답사 여정(과정)은 명목(목적) 따라 보는 눈(높이)이 판이하지 않으면 안 될 것이다. 투자 목적이라면, 위치(접근성)와 현장감을 중요시 여긴다. 그러나 상황과 지역 (변수)에 따라 현장감의 수위는 그다지 중요하지 않을 수도 있다. 왜? 현장감은 용도, 접근성 등과 반드시 정비례할 수 없어서다. 실수요 목적의 답사가 진행되는 것이라면, 땅의 모양과 지목상태, 용도지역과 길 상태, 현장감과 접근성 등을 따지지 않으면 안 된다. 건축행위 등 작은 개발행위 하는 데 적합한, 합당한 지경이 아니라면 낭패볼 수 있기 때문이다. 땅 자체, 땅 하드웨어 자체가 하나의 애물에 지나지 않을 것이다. 실수요 목적으로 땅 사는 사람이 맹지를 구입하면 큰 일 치를 수 있지만 투자 명목으로 움직이는 자에겐 맹지상태라고 해서 큰 부담감을 느낄 필요 없다. 개발수위와 그 질적가치에 집중하면 그만이니까. 개발범주의 맹지상태는 곧 맹지 신분에서 탈피할 수 있는 명분이 주어진 상태이기 때문이다. 즉 모든 개발사안은 맹지의 개발계획 및 맹지를 개발하는 과정인 법. 그 덕에 자연스럽게 큰 도로가 시원스럽게 뚫린다. 큰 개발은 투자 명목의 땅(맹지)에겐 행운이다. 대운을 바라는 과정이다. 기름진 좋은 땅(옥토)으로 변할 수 있는 명분이 뒤따라서다. 맹지가 개발되는 과정을 지켜볼 수 있다. 작은 개발은 실수요 목적의 땅으로 대지가 긴요한 지경.

땅 구입 시 실수요 명목으로 움직일 것인지, 아니면 투자 명목으로 움직일 것인지, 그리고 두 가지 명분을 가지고 움직일 것인지, 잘 인지하는 것처럼 답사 역시 투자 명분과 실수요 명분은 확연한 차이가 있으므로 답사 전에 자신의 처지와 부동산 매수 명분을 제대로 관철할 필요 있다. 엉뚱한 곳에서, 엉뚱한 것에서 시간낭비하지 말아야 한다.

안전한 투자가 최우선이다

안전한 토지투자를 위해 반드시 밟아야 할 4단계

1. 접근성의 직접적인 재료라 할 수 있는 위치(자연환경)를 구체적으로 견지(분석)한다. 용도 및 투자처(지역)는 위치 다음으로 중요하기 때문이다. 대

신 실수요라면 용도와 도로 관계가 전부라 할 정도로 중요하다. 요컨 대 부동산의 성질은 이론 여정에서 체득할 수 있지만 부동산 위치(접근 성)는 현장체험 통해 체득한다.

2. **거품가격 견지 과정을 과감히 밟는다.** 거품가격의 종류는 큰 거품과 작은 거품으로 나눌 수 있기 때문이다. 투자 과정에서 필히 작은 거품 (과정)을 선택할 수밖에 없다. 그 이유는 둘.

1) 개발지역 내 좋은 땅에 거품이 들어가지 않을 수 없다.

2) 역시 거품가격은 폭등가격과 전혀 다른 성격을 지녀서다. 성능 이 빼어나고 성질 좋은 땅은 쌀 수 없다. 명품 땅이 싸다면 그건 십중 팔구 짝퉁 땅이다. '명품 가격'은 거품가격과 다르다. 폭등세를 유지 할 수 있는 능력의 가격이 바로 명품 가격인 것이리라. 짝퉁 가격은 거 품가격의 다른 말.

3. **역시 개발청사진의 타당성 검증 절차를 구체적으로 밟는다.** 개발이 난무하는 시대이지만 성공하는 자들이 있는데 그들은 한결같이 투자 에 대한 미래가치를 견지할 수 있는 능력을 지녔다. 개발효과를 견지 할 수 있는 능력 말이다.

예) 인구형태를 통해 관찰한다. 젊은 고정인구가 급증하고 있는가 알아본다.

4. **1~3단계를 재검토+재검증 한다.** 토지는 무기체이기 때문이다. 토 지의 성질을 모른 채 서류와 현장이 동일하지 않다고 푸념하면 안 된

다. 개별공시지가와 시세가 도저히 동일할 수 없는 것처럼 말이다. 공부상태와 현장상태가 같은 부동산이 지상물이라면 그 반대의 경우는 토지인 것이다. 위의 단계를 정밀히 관철, 관찰하는 이유다.

땅에 대한 개발 타당성을 알아보는 과정을 중략한다면 큰 실수를 할수 있다.

'땅은 브랜드 가치가 아니다'

땅은 브랜드가치에 절대적으로 일방적으로 지배 받으면 안 된다. 지역브랜드와 용도에 일방적으로 지배 받으면 거품가격에 희생양이 될 수 있어서다. 경기도 용인시와 충청남도 당진시의 지역 브랜드가치 격차(갭)가 클 수밖에 없다. 투자가치와 실수요가치에 따라 '가치'의 변화(과정)가 상이하다. 가치의 차별화 과정을 밟는다. 하나 용인이라고 해서 무조건 비쌀 필요(이유) 없다. 왜? 지역 내 접근성(위치, 처지), 용도지역, 도로상황 등 변수상황을 무시할 수 없어서다. 언제든지 크고 작은 변수상황이 마구 쏟아질 수 있다. 옷을 사든 취업시 기업선택을 하든 브랜드 상태를 보는 게 상식, 상례. 현실적으로 선택 대상의 성질이나 질적가치가 곧 브랜드인 셈이다. 그러나 땅을 선택할 때는 이와는 다른 방도가 필요하다. 땅의 성질이 곧 잠재성일 테니까. 다양한 성격을 가진 부동산이 땅이다. '변수'에 투자하는 게 땅 매수과정인 것이다.

집 선택은 다르다. 상수상황에 투자하는 게 집 매수과정이기 때문

이다. 아파트인 경우도 브랜드 가치를 선택한다. 예) LH, 삼성 등

그러나 반드시 브랜드가 곧 가치는 아닌 법. 공사가 건설한 아파트에서도 허점이 노출된다. 문제점이 다양하게 발견된다. 지경(처지와 환경)에 의거해 땅의 구별은 두 가지로 점철된다.

실례) '택지:원형지'

택지는 실수요 명분이 강한 땅이지만 원형지는 투자의 명분이 강한 생지형태다. 택지는 완성물의 모드이지만 원형지는 미완의 대상물이기 때문이다. 최소비용으로 시작할 수 있으므로. 경제이론에 부합, 합당한 것이다. 이런 면에서 택지와 원형지는 영원한 라이벌 관계일 수도 있는 법. 한쪽은 편익공간의 활용도, 다른 한쪽은 잠재력에 귀추가 주목되는 입장 아니랴.

택지 모형이 100% 완벽한 지경이라고 단언할 수 없는 게 현실이다.

변화속도나 그 형태를 예상할 수 없다. 거짓말의 난무가 난개발과 연계된다. 기독교의 3대 정신(력)이 믿음과 소망과 사랑이지만 부동산의 3대 정신도 그와 같다고 본다. 그 색깔만 다를 뿐 성격은 같은 것이다.

부동산의 3대 정신.

믿음 – 사기 치지 말라. 거짓말은 두 가지다. 하얀 거짓말과 검은 거짓말로 구성한다. 거품의 종류가 큰 거품과 작은 거품으로 대별되듯 거짓말 역시 두 가지로 대별된다. 작은 거품을 분별할 수 있어야 하듯

하얀 거짓말을 연구할 필요 있다. 하얀 거짓말은 거품가격을 만들 수 없기 때문이다.

소망 – 작은 성공(한탕주의자는 위험한 인물. 안전성이 중요하기 때문이다)을 바란다. 자신의 그릇 크기에 따라 움직인다.

사랑 – 부동산을 사랑하고 사람을 사랑하라. 믿음(과 소망)의 강한 무기가 사랑일 테니까.

사람의 하드웨어상태(외모지상주의)보단 사람의 성질을 연구하는 게 중요한 것처럼 부동산 역시 하드웨어 자체에 집착하는 일보단 부동 나름의 고유 성질을 연구분석하는 과정이 긴요(중요)한 것이리라.

부동산과 '금'의 공통점 – 매매, 교환가능(공산품을 물물교환하는 일은 드물다). 순금(24k)은 되파는 과정에서 손해가 크지 않으나 14k나 18k는 되팔 때 손해의 양이 많다. 크다. 디자인에 투자하는 시간과 물질(원료)이 다 소멸된다. 땅을 되팔 때 이익을 볼 수 있으나, 지상물을 되팔 때는 손해를 입을 수 있다. 건물 부분은 시간이 흐를수록 낡아지기 때문이다. 부식속도가 빠르게 진행된다. 설계 및 디자인, 권리금 등 여타의 투자의 힘이 소멸된다. 이런 면에서 건물은 마치 사람의 장기와도 같은 것이다. 시간이 흐를수록 쇠약해질 수밖에 없기 때문이다. 2살 아이의 간장과 90살 노인의 위장 성능이 같을 수는 없다.

입체 부동산은 토지와 지상물(건물부분)로 구성되어 있지만 토지 부분은 기본 중 기본이다. 토지가 기본일 수밖에 없는 이유가 무엇일까.

지상물은 소멸되지만 땅은 기본(기초)이기 때문에 영원히 소멸될 수 없기 때문이다. 건축물의 영원한 재료가 땅 아닌가. 건축물의 재료가 곧 도로. 진입도로를 낀 도로 말이다. '진입도로'가 곧 건축과정 중 하나일 터. 즉 건축의 재료 중 하나가 진입도로인 것이다. 부동산은 도로(접근성)와 공생관계다. 마치 대기업 총수와 정당 총재의 관계처럼 떨어질 수 없는 사이다. 경제인과 정치인은 함께 움직인다. 이동 중이다. 마치 부동산의 동산화를 위해 도로를 필요로 하듯 정치 활동력은 바로 기업 총수들의 보조 없이 활발한 역할을 할 수 없는 법.

부동산은 안전한 투자가 최고. 위치 공부와 견지의 과정이 필요한 이유다. 위치는, 자연환경(태생, 신분)을 전면 무시할 수 없는데 이는 실수요 명분이건 투자 명분이건 모두에 해당된다. 접근성 높은 지역에 개발청사진이 있다면 안전하고 접근성이 떨어진 주거시설은 삶의 질도 떨어질 것이다.

좋은 부동산의 첫 번째 조건

화려하고 큰 건물들이 즐비한 곳을 가치가 높은 곳으로 오인하기 쉽다. 눈속임 당할 수 있다. 가격거품만 잔뜩 낀 곳일 수 있기 때문이다. 가격거품은 인구흡수력을 약화시킨다. 새 부동산이 진입하는 곳엔 늘 투자자가 늘 수밖에 없으므로. 대규모와 화려함으로 부동산 가치

평가를 하면 안 된다. 접근성이 매우 중요하기 때문이다(단, 제주특별
자치시는 예외). 요컨대 명품부동산의 1순위 조건은 높은 접근도일 것
이다.

접근도 높은 지역의 특징

1. (전체적인 인구밀도가 낮은 상황일지라도) 인구밀도가 높다.

2. (장수시대 고령화가 빠르게 진행+전개되는 상황일지라도) 젊은층이 증가한다.

3. 현장감이 높다.

4. 인구증가세 또한 높다. 단, 서울특별시는 예외다. 인구감소현상
이 일어나나, 접근성이나 인구밀도는 여전히 높기 때문이다.

5. 수요인구가 증가한다. 왜? 접근성이 높다 보니 주변 대도시나 중
소도시의 새로운 유입인구가 곧 소비인구로 변모할 가능성이 농후하
기 때문이다. 전철 노선의 다양성이 곧 높은 접근성인 법. 다양성이 접
근성을 적극 대변하는 입장이다.

6. 빨대효과와 풍선효과의 영향을 동시다발적으로 받을 수도 있다.
전자는 빠른 교통수단 덕이요 후자의 경우는 점차적으로 개발범위가
광대해 짐을 의미한다. 일종의 후광효과(간접파급효과)인 것.

접근성의 재료

1) 고속도로, 전철 등 대형도로

2) 젊은 고정인구인 산업경제활동인구(질적가치가 높은 인구이므로)

3) 잠재성의 강력한 재료 – 접근성

부동산은 미래를 적극 대변하는 재화. 부동산의 변화가 곧 미래요 희망인 것이다. 현재에 만족하는 건 투자자 모습이 아니다(현재에 만족하는 자는 실수요자). 부동산에 대한 다양한 각도의 예측행위를 부동산 정보로 여기는 사람은 많지 않을 것이다. 차라리 노하우가 예측행위에 근접할 수도 있다. 변수가 적은 부동산과 변수가 많은 부동산 중 전자의 경우는 수익성이 낮고 안전성이 높은 상태지만, 후자는 안전성이 낮은 대신 수익성에 대한 기대감이 높은 경우일 것이다.

부동산 고수는 변수를 연구분석과정을 자주 밟는 사람이지만 부동산 교수는 상수 연구자이다. 고정적인 법적 논제를 공부하는 사람이다. 컨설턴트 말이 의심되어 공무원을 만난다면 투자자는 정신이 혼란스러울 수 있다. 교수입장이나 공무원입장이나 거의 매일반이기 때문이다. 공무원은 변수상황을 노출하는 대신 상수의 상황을 정밀히 견지하는 입장에 놓인 사람이다. 실수요자를 적극 대변하는 자이다. 그러나 컨설턴트 입장은 다르다. 변수에 대한 질문에 대응할 만한 대답을 할 수 있는 능력이 필요하다. 투자를 자문하는 입장이다. 공무원과 컨설턴트 간 괴리가 생길 수밖에 없는 연유다. 부동산의 미완성물인 땅과 완성물인 지상물의 힘은 공무원보단 컨설턴트 역량과 역할에 많은 지배를 받는 입장이다. 상수 상황의 변화를 견지하는 자가 공무원이고 변수 상황의 변화를 견지하는 자가 컨설턴트이기 때문이다.

부동산의 완성물의 힘은, 표현력의 지배를 받는 입장이고 부동산의 미완성물의 힘은, 잠재력과 정보력이 관건, 중요하다. 국토라는 대형 공간 안엔 부동산의 완성물과 미완성물, 두 가지로 채워진다. 물론, 미완성물이 훨씬 수적+양적으로 많은 지경이지만 말이다. 완성물과 미완성물의 균형발전이야 말로 국토의 효율성을 극대화 하는 것. 국토의 효율성이 높다면 당연히 좋은 부동산이 생성될 수 있을 것이다. 좋은 집의 기준은 무엇인가. 단순하다. 살기 편하면 그만이니까. 좋은 땅의 기준 역시 복잡하지 않을 수 있다. 그렇지만 개별적+객관적이지 않으면 안 된다. 전국에서 가장 살기 좋은 곳의 땅이 가장 좋은 땅의 기준이 아닐까 싶다. 좋은 집은, 고요한 분위기가 가치를 드높이지만 좋은 땅은, 조용하면 안 된다. 시끄러운 현장이 긴요하므로. 수요자가 많다는 증거다. 다만, 시끄러운 가운데 거품을 의심 받으면 안 된다. 거품은 미거래를 발현하기 마련이므로. 내 집 주변이 시끄럽다면 삶의 가치에 문제점이 노출될 수 있으나, 내 땅 주변이 시끄럽다면 수요자가 급증세라는 증거다. 이처럼 땅과 집 가치는 그 분위기가 극과 극이다.

땅투자의 혈맥

개발계획에 관한 브리핑 듣는 것보다 현장분석이 더 중요한데, 이는 도로상태와 인구현황을 눈으로 직접 목격할 수 있어서다. 그러나 개발계획은 예상과 예측하는 작업(과정)이기 때문에 직접 목격할 수 없는 맹점이 있다. 그렇기 때문에 땅투자할 때는 큰 개발청사진과 더불어, 현장 분위기도 맥을 함께 잡지 않으면 안 된다. 단순히 현장이 크게 바뀔 것이라는 대전망, 대전제(개발청사진에 관한 기대감만 잔뜩 부푼 가운데)에 몸과 정신을 기댄다면 위험하다. 변수 많은게 부동산 아닌가.

현재의 현장분위기가 미래를 전망, 예측할 수 있는 수단이 될 수도 있다. 즉 고정 및 주거인구가 급증세라면 개발계획이 비교적 안정적이라고 볼 수 있는 것이다. 개발의 타당성과 필요성이 높다고 보기 때문이다. 개발완료 시, 지역경제에 대한 시너지효과가 클 수 있다. 기대된다. 주거시설의 미분양사태나 상업 및 업무시설물의 공실현상이 일어나는 일을 대폭 줄일 수 있기 때문이다.

땅투자의 혈맥 – 도로와 인구분포도, 여기에 역시 접근성이 맥을 함께 한다

도로는 존재 자체가 '기대가치'이겠지만, 사용 많이 하는, 활용도 높은 도로가 있는가 하면, 놀고 있는 도로 역시 많은 게 현실이다. 큰 도로(예-고속도로)와 작은 도로(맹지여부) 형태로도 구분하는 데, 큰 도로는 투자자에게 통용되나, 작은 도로형태는 실활용 목적인 자에게 어울린다. 인구는 젊은인구와 노인인구로 대별되나, 고정 및 주거인구형태와 유동 및 이동인구에 따라 지역 변수가 작용한다. 아무래도 젊고 힘 있는 경제인구와 주거 및 고정인구가 지역경제 사활을 걸 수 있을 것이

다. 변혁을 기대할 수 있다.

도로와 인구분포도가 적정한 가운데, 접근성을 따질 여유가 있는 것이다. 도로상태만 우월하다고 접근성이 높다 볼 수 없다. 인구상황이 양호한 상태인가 눈여겨 보지 않으면 안 된다. 접근성은 인구와 맥을 함께 한다. 이른바 혈맥관계다. 유동 및 이동인구만 부산한 상태인지, 아니면 주거 및 고정인구가 증가하는 상태인지 따지지 않으면 안 되는 이유다.

고속도로보다 더 빠른 환금성 품목(상품) – 땅은 도로(길)로 통한다. 길은 혈맥, 진맥역할을 단단히 구축할 수 있는 여건(조건)을 마련할 수 있는 기회이기 때문이다. 물이 사람 목숨과 직접 연계되는 것처럼 땅은 길과 직접 관련 있는 것이다. 물 없이는 사람이 살 수 없듯 길 없는 부동산의 존재감은 0이다. 모든 개발엔 공통점 하나가 있는데 그게 바로 길의 존재성이다. 개발이 생기면 반드시 새 길이 발생하기 마련이다. 작은 길 대신 큰 길이 생겨서 땅값이 크게 움직인다. 개발지역 맹지를 사겠다는 사람이 많은 이유다. 맹지가 상업지나 주거지로 변모하면 땅의 신분(신세)이 진보한다. 미완성물이 완성물로 진행(진보)할 때 길은 필수항목이다. 접근성에 사활을 건다. 대신 집과 같은 지상물, 완성물은 편익성에 지배를 받는다. 땅은 도로가 생명이고 집은 편리함이 생명인 것이다. 집은 편익공간이 생명수와 같다.

도로는 일반도로, 고속도로, 철도 등으로 나뉘지만 환금성 면에선 철도가 도로보다 사뭇 낫다. 활용도가 높아서다. 활용범위가 점점 넓어진다. 접근성과 편익성 모두를 충족, 만족할 수 있는 게 철도의 존재+영역+역할이다. 고속도로 버금갈 정도의 스피드를 보유하여 환금성이 높다. 대단하다. 환금성이 고속도로보다 더 빠른 것이다. 개발속도와 그 질적가치가 높다. 왜? 역 발생으로 말미암아 도로와 도로가 직접 연계되므로. 물론, 여기서 강조하는 두 개 도로 중 하나는 철도다. 철도는 여러 모형의 도로를 필요로 하기 때문이다. 주변과 단절된 철도는 거의 무용지물이다. 철도 주변의 도로역할에 집중하는 이유다. 도로역할이 크다면 한 지역에 거대한 공간이 새로 창출되는 것 아닌가. 파생된다. 직접역세권과 간접역세권 힘이 크다. 한 지역의 신분이 바뀐다. 직접역세권 자체로는 한 지역의 변혁이 힘들다. 맹지가 도로 힘을 필요로 하듯 직접역세권 역시 간접역세권 영역이 필요하다. 직접역세권 힘의 크기가 커지면 당연히 자연히 간접역세권의 힘도 덩달아 높아지기 마련이다. 중요한 점은, 직접역세권과 간접역세권 범위가 특별히 정해지지 않았다는 점이다. 지역성격에 맞게 발전하는 게 역사범위라서다. 직접역세권의 반경(500미터)은 약속사안이 아니다. 별 의미 없다. 역의 성과도는 거리가 중요한 게 아니라, 인구의 질적가치가 더 중요하기 때문이다. 수요인구인 젊은인구가 늘어난다면 그 지역의 역세권 반경은 넓어지기 마련이다. 역사 주변이 공실률이 높고 미분양증상에 허덕이면 안 될 것이다. 인구의 질적가치가 중요한 것이다. 간접역세권은 직접역세권을 보지, 유지 시켜주는 역할을 하는데 각종 도로 덕에 간접역세권의 존재감이 드러나는 것이다. 간접역세권 역시 인구 동태에 따라 그 범위와 분위기가 달라진다. 변수 범위가 정해진다. 직접역세권의 '직접' 영향을 받는다. 직접역세권의 역량 따라 간접역세권의 범위도 변한다. 변할 만하다. 직접역세권이 죽으면 간접역세권이라는 말은 의미 없다. 직접역세권은 계획이라는 상수가 있지만 간접역세권은 전적으로 변수사안. 변수의존도가 높다. 그만큼 직접역세권 역할, 세력이 중차대한 것이다. 즉 직접역세권의 미래가 곧 간접역세권의 역량인 것이다. 직접역세권과 간접역세권은 공생관계, 상부상조한다.

지역분석과 위치분석의 중요도

지역분석과정 – 객관적 의미 내포
예) 지역명과 지명도, 지역브랜드, 지역랜드마크 등에 지나치게 과민 반응 보이는 모습.
위치분석과정 – 구체적이고 정밀한 작업
예) 접근성 등 입지현상에 집중하는 과정
지역분석에 의존하는 행태 – 하수들의 선택
위치에 집중하는 것 – 고수 모형

"제주도 어때요? 땅값이 많이 오르고 있다고 하는데… 평창은 어떤 가요? 평택은 지금 들어가도 되나요?"

우문이다. 지역선정작업보다 위치가 더 중요하기 때문이다. 포괄적인 면은 투자 행보를 방해하기도 한다. 물론, 지역선정 이후 위치분석에 들어가는 것이 상례. 그렇지만 그 비중, 비율은 8:2 정도로 보는 게 적절할 것이다. 물론, 8은 위치요 2는 지역인 것. 그렇기 때문에 투자하기 전에 지역선정은 컨설턴트가 해주든, 직접하든, 별로 중요치 않다. 다만, 위치를 선정하는 일에는 예민한 반응을 가지고 접근해야 할 줄 안다.

'지역' 의 예) 용인, 평창, 부안 등 – 개발청사진 통해 선정하는 게 일반적

'위치' 의 예) 용도, 지목, 도로상태 등 – 접근성이 최우선이다. 용도, 지목, 도로상태 등은 접근성과 정비례하기 때문이다.

지역을 우선 선정한 후 위치에 대한 검토과정에 들어가지만 그 중요도는 위치선정작업이 훨씬 높다.

'봉화라 싫다, 부안이라 싫다, 용인이라, 평창이라 싫다'

싫은 이유가 유치하기 짝이 없다.

＊ 투자지역 선정방법

"평택이 좋아요? 화성이 좋아요?" "어디에 투자해야하나요?" 우문들이다. 지역선정방법이 별도 마련되어 있기 때문이다. 거래량과 인

구량이 지역선택의 기준이다. 지상물의 양과 건축물의 다양성이 지역선정의 기준이 될 수 있겠지만, 비어 있는 공간이 많은 지역의 부동산은 한 지역의 애물단지에 불과할 테니까. 젊은인구의 증가가 지역선정기준, 선택의 이유가 되어야 할 줄 안다. 부동산투자 과정 중 자연에 투자하는 경우도 있다. 자연에 투자하는 행위는, 전원주택을 구입하는 것과 같을 것이다. 곧 전원생활을 의미할 테니까. 자연을 매입하는 과정 중엔 접근성에 집중하지 않으면 안 된다. 접근성이 떨어진 전원주택 역시 지역 버블에 불과할 테니까.

1. 접근성 높은 자연의 상태(극소수)

2. 접근성 낮은 자연의 상태(대다수)

지역 색깔 – 인구 색깔(인구의 질적가치)

학원선택의 기준 – 합격자 규모가 선택 기준

부동산 선택의 기준 – 인구 규모가 선택 기준(더불어 인구의 질적가치를 눈여겨 볼 필요 있다. 장수시대, 노인인구 급증세 속 젊은인구가 급감하는 게 현실 아니냐)

투자처를 묻기 전에 투자지역의 색깔에 집중해야 할 것이다. 그 색깔 중엔 접근성의 중요성이 포함되어 있다. 내포되어 있다. 접근성이 높은 지역의 특징은 무엇인가. 인구의 집중도가 높고 인구의 질적가치가 높다. 경기도 화성과 평택, 그리고 제주지역 부동산이 급등하는 이유가 무엇인가. 고정인구와 더불어, 관광인구가 급증해서 아닌가. 지역색깔(자연색깔)을 연구하는 과정이 바로 투자지역선정 방도 중 가장 중요한 대목이 아닐 수 없다. 인구의 색깔을 바로 견지할 만한 능력이 개인적으로 긴요한 것이다.

　　땅값상승지역의 특징 – 꾸준한 젊은인구의 증가(산업단지증가)
　　땅값소강지역의 특징 – 노인인구의 급증세(더불어 폐가, 폐교증가)

부동산 투자를 빠르게 결정하는 방도

　과거 대비 부동산 매입하는 사람이 많지 않은 이유가 무엇일까. 과거와 달리 가격오름세가 신통치 않아서 일까. 아니면, 여윳돈 부족이 원인일까. 부동산 성격을 몰라서, 강한 매수욕이 떨어진건 아닐지 모르겠다. 부동산의 장점만 바라보고 움직이기 때문에 매입을 결정하기 힘든 것이다. 맹점 없는 부동산을 모색하는 과정은 역경 그 자체인 법. 장기 관망자세에서 벗어나기 힘들다. 부동산의 장점과 단점의 공유를 스스로, 수시로 인정할 줄 아는 사람만이 매수욕이 극대화 될 줄 안다. 부동산의 최대 맹점인 규제 수위를 정밀히 현실적으로 분석, 접근할 줄 아는 능력을 보유했을 때 매수욕이 발현하는 법이다. 예를 들어, 접근성이 높다면 환경 오염도는 높은 법. 당연히 받아들여야 하는 현실이다. 매연과 소음은 각종 공업단지와 늘어나는 차량이동량 때문에 생긴 맹점 아닌 맹점이다. 접근성 높은 지역의 특징이다.

접근성이 높고 물과 공기가 맑은 곳은 없다. 존재할 수 없다. 부산에서 한 주부로부터 소형 전원주택을 알아봐 달라는 전화를 받은 적 있다. 접근성이 높고 오염도가 낮은, 그리고 환금성 높은 전원주택을 원하는 주부였다. 재테크 겸 실활용 목적으로 매수하겠다는 의지가 다분하다. 1억 원 정도에서 여주 지역 전원주택을 원했다. 서울 강남과의 접근이 수월한 곳을 원했지만 소모전 일색.

접근성이 높으면 인구증가율도 높을 것이지만 접근성이 낮으면 인구증가율도 낮을 것이다. 당연한 이치다. 오염도가 낮다면 휴양목적으로 제격이다. 사람 대신 야생동식물이 살아 있을 터(보금자리). 부동산 매입이 곤란한 경우는, 부동산 고유의 특징을 무시하는 경우다. 장단점을 인정하지 않은 것에서 비롯되는 패악이다. 인간이 종교와 부동산을 소유, 공유하는 궁극적인 목적이, 목표가 무엇인가. 만족도 높은 행복감의 만끽 아닌가. 물론 개별적으로 행복의 기준은 제각각, 다양하다고 말할 수 있지만 말이다. 개인의 성질과 성격이 각양각색으로 다르니 당연히 행복 기준도 다르고 다양할 수밖에 없다. 종교와 부동산의 본질, 본성 회복이 최대 관건이다. 악용 대상이 아닌, 선용의 대상이 되어야 함은 당연지사다. 개발엔 환경파괴라는 조건이 뒤따를 수밖에 없다. 어느 수위 희생을 감수해야만 한다. 환경파괴수위를 최소화하기 위한 노력의 과정이 규제의 사슬인 것. 이를 테면, 그린벨트라는 규제사안을 보자. 환경보전이 주목적이 될 수 있으나 개발을 제한하는 것이 모토인 것이다. 무조건 개발을 막자는 건 아니고, 마구잡이식 난개발을 그냥 두고 보지 않겠다는 의지인 것이다. 개발수위를 낮추고 규제 수위를 좀더 높이자는 취지다. 건폐율과 용적률을 최소화 시켜 환경파괴 수위를 낮추자는 것이다. 각 지역의 환경과 처지에 맞게 지자체 자주법(조례)이 존속하는 이유가, 다름 아닌 개발과 규제의 적절한 배합(조화)에 있는 것이다.

개발지역이 선정, 지정될 때 녹지공간 없이 전체를 몽땅 개발하는 경우는 없다. 도시지역 없는 지자체 없다. 즉 보전녹지지역 없는 지자체가 존재할 수 없는 것이다. 관리지역 없는 지자체 없다. 보전관리지역 없는 지자체 없다. 완전한 인간 찾다간 세상 홀로 살아야만 한다. 완벽한 부동산 찾다간 부동산 매입이 불가능하다. 돈은 많지만 건강에 문제가 있는 사람이 있다. 지식은 많은 데 도덕성이 결여된 사람이 있다. 내 집 인근에 대규모 국가산업단지가 들어서면서 지역경제활성화 (고용창출과 경제인구증가, 고정인구 증가하는) 특수를 누릴 수 있는 대신 다른 희생이 뒤따른다. 매연과 소음으로 삶의 질에 문제가 노출될 수 있다. 희생 없는 인생 없다. 감출 수 있는 한계를 스스로 인정하는 수밖에 없다. 능히 감내(감당)할 수 있는 불편함은 큰 단점이 아니다. 그것을 인정할 때 비로소 부동산 투자가 가능한 것이다.

땅투자 지역 정하기

반드시 개발이슈(지역개발계획)가 있어야 땅값이 오르는 건 아니다. 개발계획은 없지만 고정인구와 유동인구가 꾸준히 증가하는 통에 땅값 역시 꾸준히 오르는 지역도 있기 때문이다. 한편으로는, 개발계획으로 땅값이 오르는 것보단 인구증가로 땅값이 오르는 현상이 바른 현상인 것이다. 현장감이 뛰어나고 거품과 무관한 시세가 형성되어서다. 개발계획 하나에 거품가격이 형성되는 일이 얼마나 많은가. 인구가 증가하면 각종 시설물과 지상물 증가현상도 기대되어 땅값상승속도가 빨라질 수도 있다. 인구증가의 원인이 개발계획이 아닌, 다른 이유가 있을 것이다. 예를 들어, 대자연의 아름다운 흥취나 지역특산물, 지역명물, 문화재 등 삶의 질과 연관 있는 특이사항에 매력을 크게 느껴 인구유입이 발현되는 것. 또는 인근 대도시와의 높은 접근성과 교통흐름의 원활함에 매력을 크게 느껴 인구가 유입되는 사례도 있는 것이다. 이렇듯 땅 투자 시, 단순히 개발계획에 의해 수동적으로 움직이는 것보다 또 다른 이유, 즉 인구이동현상에 민감한 반응을 보이는 것도 괜찮은 것 같다. 왜? 인구가 증가하는 이유가 분명히 존재하기 때문이다. 존재가치를 스스로 인정하는 격이다. 이유 없이 인구가 증가하는 일은 절대 없을 것이다. 개발청사진을 보고 땅을 사는 사람이 있는가 하면, 인구증가현상을 보고 땅을 사는 사람이 있는 것이다. 개발청사진과 인구증가현상을 아우를 수 있는 지역이 미래가치가 한층 높을 것이다. 요는, 땅 투자지역을 총 세 가지 관점에서 지정할 수 있다는 것이다.

1. 개발청사진이 존속하는 지역 - 예) 국책사업이 맘에 들어서 지정
2. 인구증가지역 - 예) 각종 편익시설물이 맘에 들어서 지정
3. 1+2 지역

개발성과도 견지하기

개발의 다양성을 믿고 투자하는 건 당연지사. 그러나 단순히 다양성만 믿고 투자하는 건 위험하다. 실현가능성이 낮은 개발이라면 투자 실패로 이어질 수 있어서다. 개발성과도 또한 주요사안이다. 개발효과가 미진한 경우의 수가 얼마나 많은가. 현실이다. 개발에 구멍이 크게 뚫려 엄청난 예산이 물새듯 줄줄 새는 일이 얼마나 많은가. 현실 아닌가. 투자가 힘든 건, 작은 도로와 큰 도로를 함께 견지하여 접근도를 파악해야 하기 때문이다. 예산 역시 큰 예산과 작은 예산을 함께 견지하지 않으면 안 될 것이다. 큰 예산은 국가 예산으로, 각종 개발비용이 포함된다. 작은 예산은 개인투자비용인데, 이는 토지활용도(예-건축행위) 비용도 포함된다. 국가 예산이 많이 투입되는 개발이라고 해서 큰 기대감을 갖고 개인적으로 투자 비용을 과다 책정하는 일 또한 큰 문젯거리가 아닐 수 없다.

요는, 투자는 개발의 다양성, 실현가능성, 개발성과도가 함께 움직이는 수레바퀴와 같은 것이다. 세 바퀴 중 하나만 빠져도 문젯거리가 될 수 있다. 개발의 다양성에 혹해, 투자했다가 시행착오 겪는 경우가 많다. 지나치게 화려한 개발청사진은 현실성이 낮아 실현가능성이 낮은 경우가 태반이다. 화려한 개발청사진에 비해 인구가 다양하게 분포되어 있지 않다면 개발이슈가 단순한 지역일 수 있다. 개발성과도 역시 고정 및 주거인구 동태파악으로 평가가 가능한 것이다.

투자자가 바라볼 수 있는 두 가지 시각

투자자가 바라볼 수 있는 시각은 두 가지로 점철+관철된다. 망원경으로 볼 수 있는 눈과 현미경으로 보는 눈으로 말이다. 망원경으로 보는 눈은 거시적인 시각으로 미래의 눈을 적극 대변할 수 있고, 현미경으로 보는 눈은 미시적 시각으로 점철된다. 즉 현재의 지경(시계)인 것이다. 이를 테면 망원경으로 볼 수 있는 눈은 토지에 해당하는 것이고, 주택을 보는 입장에선 현미경이 긴요한 것이다. 토지가 투자종목이요 집이 실수요 입장에 놓였다는 증거이다. 망원경을 이용한다는 것은 숲을 보는 행위다. 현미경은 나무를 보는 여정이다. 꽃을 바라보는 행위와 같다. 구체적인 행위이기 때문이다. 망원경으로 분석하는 사람은 없지만 말이다. 망원경의 시각은 투자 모드(잠재력). 힘이 필요하다. 장래를 볼 수 있는 광대한 계획이 있어야 한다. 먼 미래를 본다. 실수요 반경(편리성)은 현미경을 필요로 한다. 성질이 필요한 것이다. 가까운 현재의 모습을 본다. 망원경은 지역 특색을 살펴볼 때 활용되고, 현미경의 경우엔 하드웨어상태를 살펴본다. 땅 현장답사 가기 전에 준비해야할 것은 투자의 망원경이다. 집 현장답사과정의 준비물은 현미경이다. 답사할 때 두 가지 준비물을 완비할 수도 있지만 말이다.

두 가지 모두가 필요한 때는 하나. 실수요 명분이 강한 토지 매수 시 그것이 필요한 것이다. 내가 산 땅에 내가 직접 건축행위를 해야 하기 때문이다. 작은 변수가 건축행위과정 중에 발생할 수도 있는 것이다. 개인적으로 창조적 행위를 하는 입장에선 완벽한 준비물이란, 두 가지의 구비인 것이리라. 잠재력을 볼 땐 현미경은 불필요한 문명의 이기(利器)인 것이다. 현미경을 통해 먼 미래를 볼 수 없어서다. 땅 답사 시 현미경은 불필요하다. 잠재력을 볼 수 없기 때문이다. 망원경 통해 볼 수 있는 잠재력은 여러가지. 이슈거리가 다양하다. 장점과 매력이 다양하다.

잠재력의 무기(재료)는, 부동산과 관련된 모든 것들의 증가세이지만, 그 반대로 감소세도 별도로 발현할 수도 있다. 잠재력의 반대는 무기력이다. 감소세로 말미암아 무기력이 생긴다.

다양한 잠재력의 무기들(증가세)

1. 젊은인구의 증가세

2. 건축물(지상물)의 증가세

3. 거래량의 증가

4. 개발청사진의 수적 증가(중첩개발)

예) 주거 및 산업단지+관광단지조성

5. 대지 및 택지의 증가세

6. 도시지역의 증가세 – 용도가 바뀌면 땅의 신분이 상승한다. 더불어 인구의 다양화도 기대할 수 있는 입장이 된다.

노인증가현상은 무기력을 부르고 아이가 증가하는 경우는 잠재력의 발동을 의미한다. 한 지역의 노인의 기침소리보단 아이들 울음소리가 더 반갑다. 값지다.

대기업의 잠재성과 땅의 힘

(1) 휴대폰과 집

(2) 자동차와 땅

(1) 필수품, 필수덕목

(2)사치품, 사치의 온상, 투기 온상이 될 수도 있다. 한 집에 2대 이상 보유한 경우도 있고 수만 평의 땅을 보유한 경우도 있다. 보유세 납입 의무를 수행하므로 존재감을 적극 표출하는 것이다. 자동차는 땅의

일부분인 도로가 반드시 긴요하다. 땅 없는 자동차는 없다. 그건 존재 감이 0이기 때문이다. 땅 없이 집 역시 존재할 수 없다. 휴대폰 보유율 +보급률은 세계 최고 수준을 유지한다. 주택보급률보다 훨씬 높다. 대 기업에서 휴대폰, 주거시설물, 자동차를 생산하지만 대기업이 보유한 땅 규모가 대단하다. 대기업은 땅부자이지만 비사업용토지와 무관한 잠재력 높은 땅을 간직하고 있다. 대기업이 보유한 땅 인근의 지주들 이 기분 좋은 이유다. 대기업의 땅 활용도가 높아서 하는 말이다. 예비 사업용 토지가 다수 포함되어 있다. 잠재력 높은 땅으로 구성되어 있 다. 땅 투자할 때 대기업 따라 가면 유리할 수 있는 연유다. 대기업의 부동산에 대한 정보력은 크고 높다. 위력이 대단하다. 대기업의 존재 감으로 젊은인구가 급증한다. 젊은 산업인력은 주거인구의 질적가치 마저 높일 수 있는 힘인 것이다. 대기업 노선 따라 이동하는 인구는 젊 은인구인 것이다. 젊은동력은 땅의 힘을 가일층 높인다. 대기업은 젊 다. 잠재력의 표상이다. 오지 속 대기업 존재감이 크다. 오지의 랜드마 크가 대기업 아닌가. 대기업의 젊은 화력을 보고 노인인구도 증가한 다. 대기업이 있는 곳엔 돈이 크게 돈다. 노동력이 원동력이다. 지역경 제활성화와 고용창출에 대한 기대감이 증폭된다. 오지 속 중소기업의 존재감은 크지 않다. 대기업의 젊은인력과 중소기업의 동남아 노동력 차이는 크다. 존재가치 차이가 크다. 고급인력의 반경에 따라 땅 가치 도 이동할 줄 안다. 젊은 고정인구는 젊은 주거인구를 흡수한다. 흡입한다. 유인한다.

(하수가) 땅투자 실패하는 2가지 이유

고수의 부동산 투자 성공확률은 높지만 하수의 부동산 투자 성공확률은 낮다. 하수는 투자를 순리대로 움직이지 않기 때문이다. 잠바 위에 잠옷을 입는다. 순서가 뒤바뀌었다. 기초의 중요성을 모른다. 기초를 무시하면 위험하다는 사실을 모른다. 늘 과정이 문제인 것이다. 안전성과 환금성과 수익성은 투자의 주요 성분이지만 하수는 결과를 우선 바란다(외모지상주의자가 하수다. 결과+과거지상주의자이다. 과거 성공사례와 지금의 사정을 비교할 만한 자체 능력이 부족하다). 수익성에 일방적으로 지배를 받기 때문이다. 대박 터질 만한 곳을 모색한다. 투자하기 전에 수익률을 점검한다. 역시 가치보다 가격에 지배를 받기 때문이다. 가격평가능력이 부족하다. 부재하다. 무지하다. 언감생심 가격이 비싼 이유를 알아보지 못한다. 아니, 알아보려 하지 않는다. 명품 땅은 결코 싸지 않은데 말이다.

고수는 과정을 중요시 여긴다. 안전성과 환금성의 중요성을 강조하는 사람이 바로 고수라서다. 하수는 부동산의 성질보단 부동산 정보에 일방적으로 지배를 받는다. 고수는 부동산 정보보단 부동산 성질에 주안점을 둔다. 정확성 높은 정보는 권력자의 전유물이라는 사실을 잘 인지하고 있기 때문이다. 부동산의 특징과 지역 특성을 참고로 움직이는 자는 고수이지만 땅값이 큰 폭으로 오를 만한 곳에 지배 받는 자가 바로 하수다. 가격(결과)에 지배 받기 때문이다. 하수의 투자처 선정기준은 땅값이 가장 많이 오른 지역이지만, 고수가 지향하는 투자처 선점기준은 고정인구(산업활동노동력)가 꾸준히 늘어나는 지역이다. 값은 결과론이고, 인구론은 경과론이다. 과정 없는 결과 없다. 인구 없이는 가격이동도 없다. 사람이 곧 부동산인 셈이다.

부동산 가격을 결정할 수 있는 (적극적인) 모드

하수가 가격감정평가방도에 주력할 때 고수는 가치에 대한 감정평가에 집중할 것이다. 부동산의 가격은 종류가 다양하지만 가치는 단순하다. 한정되어 있다. 역시 가격(결과+수익성)의 재료가 가치(과정)인 것이다. 가치의 종류는 존재가치(건폐율, 용적률)와 잠재가치(개발청사진)로 대별되지만 세부적으로 치밀하게 접근할 필요 있다. 투자의 실패율을 줄이기 위한 (적극적인) 노력의 여정인 것이다. 보전가치와 보존가치는 규제의 대상. 국토 대부분을 차지하고 대자연이라는 대공간은 보호대상인 것이다. 자연은 개발의 대상이기도 하다. 개발의 대상물이 적다는 게 국토 맹점. 그런 처지다. 희소가치는 개발과정 및 효과를 대변한다. 존재가치는 입지와 유지력. 희소가치가 존속하는 이유이기도 하다. 잠재가치는 투자가치의 강한 재료(원동력)로, 잠재력을 통해 가격에 동력을 불어넣는다. 잠재가치가 곧 희소가치일 수 있다. 사용가치는 실활용의 힘으로 실효성을 적극 대변한다. 이를 테면 부동산의 건폐율과 용적률의 변화일 터. 건폐율과 용적률 자체는 존재가치이기 때문이다.

교환가치는 거래의 척도로 상용된다. 환금성과 연관 있기 때문이다. 고정가치는 입지의 화력. 존재성과 직접적으로 관련있기 때문이다 (예-도로의 위치와 가치). 실수요가치와 투자가치의 무기는 상이하다. 절대로 같을 수 없다. 사용가치인 실활용가치가 투자가치의 강한 재료이기 때문이다. 투자가치부터 서둘러 알아보는 자가 바로 실패자다.

예) 보전가치(실수요가치에 지배 받는다. 가격이 이동할 리 만무하므로). 희소가치는 투자가치의 다른 말.

시간이 흐를수록 노후화 속도가 빠른 건 지상물. 반대로 땅은 시간이 흐를수록 노후화를 걱정할 필요 없다. 주변변화(변수)에 직간접적으로 영향을 받으므로.

예) 내 땅 주변의 낡은 건축물들이 물리적 안전성에 노출되어 재건축 대상의 물망에 오르거나 새 건축물이 입성한다면 내 땅에 크고 작은 영향력을 행사할 수 있는 것이다. 이런 면에서 건축물(완성물)은 공산품 습성을 닮았다. 미완성물인 땅은 부동산 고유의 특징을 지녔다. 세월이 곧 보약이 되는 경우의 수가 태반 이상이라서 하는 말.

이론적 가치 – 지식과 상식, 원칙

현실적+실천적 가치 – 실전, 실천의 가치를 말한다.

이론에 집중하는 자가 실수요자요 이론 외 변수를 연구할 수 있는 능력자가 바로 투자자인 것이다.

부동산 투자 시 도로 성향에 주목할 필요 있다. 도로가 땅값상승세에 지대한 영향력을 행사할 수밖에 없는 구도 아니랴.

사람 – 도로가 필요하다(인도)

자동차 – 도로가 필요하다(차도)

사람 – 주거공간이 필요하다

자동차 – 주차공간이 필요하다

사람 – 용도지역(주거지역)이 필요하다(존재가치를 대변한다. 존재가치 외에 잠재가치도 바랄 수 있는 지경)

자동차 – 부동산으로 치면 지목 수준이다(존재가치 그 이상을 바랄 수 없는 지경. 공산품이기 때문이다)

사람은 부동산 진보('정보' 수준)를 위해 반드시 필요한 인물.

사람은 도로를 반드시 필요로 하는데 그건 인도이다. 모든 개발 시 차도와 더불어, 인도가 발현한다. 도로 인근엔 주거공간도 필요하다. 자동차도 도로(차도)를 필요로 하는 공산품이다. 주차공간이 필요하다. 사람은 용도지역이 필요하지만(존재가치, 주거지역) 자동차는 지목이 긴요하다(주차장이라는 지목은, 존재가치 그 이상일 수 있다. 왜? 주차장은 교통의 연계성이 강한 지역에 존속하므로. 접근성이 떨어진 곳의 주차장은 지역애물이다). **사람과 자동차가 24시간 쉬지 않고 움직일 수 없을 테니까. 사람은 부동산**(성향)**에 의해**(사람 힘에 의해 부동산이 동산화 된다), **자동차는 사람에 의해 이동한다. 움직인다. 동산화, 환금화 과정을 밟는다.**

투자자가 바라(보)는 두 가지 색깔

투자자가 허황한 꿈을 가지고 투자한다면 무지개빛 향해 무작정 달려가 자신이 원하는 원대한 목표점에 도달하기 힘들 것이다. 일곱색깔 무지개인 빨주노초파남보는커녕, 빨간신호등에 갈등 생길 것이다. 예비투자자가 바라는 건 투자 색깔일 것이다. 색깔을 선정+지정하는 과정에선 두 가지를 대면, 대별하기마련이다.

'지역특색'과 '개발의 특색'을 견지할 수밖에 없어서 하는 말. 지역특색 역시 두 가지 성격으로 대별된다. 택지조성가능지역과 그 반대 지역으로 말이다. 왜? 택지조성의 가능성과 타당성이 높다면 택지 외의 상업지역으로 거듭날 수 있기 때문이다. 무분별한 택지조성은 난개발을 의미한다. 개발지역 색깔도 두 가지 갈래로 나뉜다. 개발청사진과 적신호로 말이다. 개발 타당성이 낮은 상황이라면 개발청사진(전진 가능한 청색신호등)이 변질되어 개발적신호(전진하면 위험한 빨간신호등)가 된다.

지역특색과 개발특색은 서로 정비례 관계에 놓여 있다. 입지가 곧 위치이므로. 곧 접근성의 발로인 것이다.

실례) 경기도에서 가장 넓은 면적을 지닌 양평군의 입지(자연환경)와 그 특색을 견지할 때, 우선적으로 양평군의 특색을 정독하지 않으면 안 될 것이다. '물의 도시' 답게 자연이 사람을 압도한다는 의미에서 말이다. 양평군 서정면 일대를 매수한다면 서정면 특색도 심도 있게 정독할 필요 있다. 서정면 문호리 일대를 매수한다면 역시 문호리만의 차별화된 특색을 정밀히 따지지 않으면 안 될 것이다. 물론, 실수요공간이라는 측면에서 정면 돌파하지 않으면 안 된다. 실수요공간의 활용도가 높아짐에 따라 투자가치라는 보너스도 발현할 수 있기 때문이다.

경기 31개 지자체 중 땅 넓이 1위, 2위에 올라와 있는 양평군과 가평군의 공통점은 택지조성이 전무하다는 것이다. 물 중심으로 지역이 성장, 형성된 지경이라서다. 관광단지조성도 버겁다. 땅 넓이가 너무 넓어서다. 악산도 많아 자연이 사람을 압도한다. 자연보호가 사람보호를 앞선다. 자연파괴행위를 막는다. 규제지역이다. 물 보호가 우선이기 때문이다. 넓은 땅과 낮은 인구밀도가 문제다. 크고 탐스런 장미꽃(아름다운 자연경관)의 날카로운 가시(규제)상태가 바로 양평의 현실(현재)인 것. 미래 상황이 크게 변할 수 없다는 것이다. 규제가 곧 자연보호상황 아니랴.

여하튼, 투자자가, 매수자가 볼 사안은 색깔 범위, 부동산 색깔일 것이다. 위 두 가지 사안을 정밀히 진단+감지한다면 실패 수위(개발의 적신호, 개발적사진)가 낮을 것이다.

작금은 작은 부동산시대. 작은 공간의 선호도가 갈수록 높아질 것이다.

예) 녹지공간이 넓어지고 비녹지공간(개발지역)이 좁아지는 지경

공간의 두 가지 의미

1. 큰 공간 - 자연환경(입지)

2. 작은 공간 - 건축물 크기 즉, 건폐율과 용적률 상태(예-꼬마빌딩이 인기다. 소형아파트엔 불경기가 없다. 비싼 데도 공급량이 부족하여 가치가 높다. 희소성이 최고 수준. 작은 공간이 인기다)

개발범위의 특징

개발지역의 특징은 개발지역 범위의 특징과 직접 관련 있다. 왜냐, 개발지역에 입성한 투자자는 개발면적과 그 영향력에 지대한 관심이 있을 수밖에 없기 때문이다. 지역경제효과에 관심 있다. 이는 투자자건 실수요자건 모두에 해당되는 사안일 것이다. 개발면적이 넓어지면서 개발효과가 클 수 있지 않으랴(필요성과 타당성에 따라). 그러나 개발면적과 개발범주, 개발영향은 다 다른 말일 수 있다. 개발범주와 개발영향이 중차대한 것이기 때문이다. 역시 지역경제력을 기대하는 눈치. 개발면적이 넓다고 해서 반드시 개발의 영향력이 크다는 건 아니다. 개발면적이 넓으나 개발효과가 기대와 다른 방향으로 가는 경우가 있

는가 하면, 개발면적이 넓어 경제효과가 큰 곳이 있는 것이다.

한 지역에서 양극화 현상이 일어날 수도 있다. 인구쏠림현상이 인구형성과정의 특징이 되기도 한다. 역세권 개발범위도 마찬가지(신설역의 경우 한쪽만 개발하는 게 일반적. 그동안 역의 필요성이 지대하지 않아서다). 역세권 범위와 그 기준이 존재하기 힘든 이유다. 기준엔 변수가 만연. 개발지 범위가 다양할 수밖에 없다는 것이다. 개발 전후로 변수가 만연하다는 것이다. 변수가 다양하다. 고정인구 따라 개발범위의 변화가 심해서다. 단, 이동인구가 개발범위를 만드는 건 아니다. 한 지역의 미래는 고정 및 주거인구에 의해 결정되는 것이다.

대규모 주거단지와 대규모 상업 및 산업공간에 의해 새로운 인구가 산출되는, 분출되는 것이다. 유동인구가 한 지역을 급진보 시키기엔 역부족이다. 결국, 역세권 범위와 반경, 그리고 개발지 범위는 고정 및 주거인구의 영향력에 지배를 받는 것이다. 역세권 형성으로 말미암아 수많은 집합건물이 들어섰다고 해서 개발범위가 넓어지는 건 아닌 것.

9년 만에 경강선이 완공되었다(2016년 9월 완공). 개발이 완성된 것이다. 그러나 완공은 곧 개발의 시작을 의미하는 것이다. 본격적인 개발은 지금부터다. 학창시절 졸업의 의미가 무엇이랴. 학생의 졸업은 끝을 의미하는 건 아니다. 사회생활의 시작의 의미가 졸업의 의미이기 때문이다. 졸업은 또 다른 시작을 의미한다. 마찬가지 입장에서 역사 완공은 새로운 시작을 의미하는 것이다. 개발의 필요성, 타당성의 검증이 본격적으로 시작되는 것이다. 완공된 역사가 제대로 평가 받을 수 있는 기회의 공간인 셈. 고정 및 주거인구 성적표에 따라 미래의 크기와 질이 결정되는 것이다.

경강선은 판교와 여주를 오가는 전철노선이다. 역 효과를 바라기 앞서 역세권 범위를 견지할 필요 있다. 그러나 지금으로선 역세권 효과를 정확히 견지할 수는 없다. 인구이동에 영향을 받을 수 있기 때문이다. 성남의 판교역과 이매역 주변의 인구보단 광주와 이천과 여주 고정인구 변화에 많은 이들의 관심도가 높을 것이다. 실수요공간은 광주이겠지만 이천이나 여주는 투자자가 많은 투자공간일 수 있지 않으랴. 개발범위를 정할 때 상업공간 면적과 주거공간 면적, 공업공간 면적에 의한 것이 아닌, 그 기준은 상업 및 공업(산업)공간에 입성할 만한 고정인구와 주거공간에 입주할 주거인구 성적표가 될 것이다. 주거 및 상업시설물의 색깔보단 다양한 인구의 색깔에 주목하는 것이다.

땅의 앞날은 변수가 많다는 것이다. 예측할 수 없다. 그것이 땅의 매력일 것이다. 완성물인 지상물은 변수가 적어 매력의 크기가 작다. 목적물이다. 미완성물은 변수가 많다. 변수과정이 다양하다. 완성물을 향해 달리고 있다. 그동안 변수가 다양하게 반전, 변천, 발현한다. 그 과정 속에서 가격변화증상이 발동하기 마련이다.

은행에 오랫동안 돈을 맡길수록 손해다. 이 말은, 개발이슈 전무한 땅을 오래 간직하고 있는 경우와 매일반이리라. 마치 장고 끝에 악수 두는 격이다. 반대로 고금리 정기적금에 가입한 경우는, 개발이슈가 다양한 잠재력 높은 땅을 장기간 간직하는 경우와 매일반일 것이리라. 장고 끝에 호수를 기대하는 입장인 것이다.

잘 생긴 땅과 못 생긴 땅의 차이점

예비 땅 투자자(예비지주)가 잘 생긴 땅을 찾아 장기간 헤매는 모습을 쉽사리 볼 수 있다. 큰 착각 속에 빠진 경우다. 왜냐, 땅의 위치(가치)를 견지하기보단 땅의 외모(무기체상태)에 집착했기 때문이다. 설령, 땅 모양이 예쁘고 위치마저 좋다고 해도 소모전 일색이다. 추후, 개발 시 예쁘게 생긴 땅은 확 밀어버리기 때문이다. 덧붙여 개발범위에 대한 변수를 견지하지 않으면 안 된다. 국가나 지자체가 개발한다면 범위가 작지 않다. 크다. 영향력이 작을 수 없다. 잘 생긴 땅은 실수요 목적으로 움직일 예비지주에게 어울리는 땅이다. 잘 생긴 땅은 건축행위가 수월할 수 있기 때문이다. 다만 진입도로 확보에 집중하지 않으면 진행이 버겁다. 우리 국토 안엔 못 생긴 땅이 훨씬 많다. 잘 생긴 땅은 대지 상태일 확률이 높아서다. 지목변경상황을 겪은 경우로(경험이 많은 땅) 성형수술과정을 거칠게 거친 경우이다. 사람 얼굴을 성형수술 하는 경우는 몸값 올리는 과정일 수 있고 땅 리모델링(성형수술) 역시 가치 올리는 과정인 법. 이런 면에서 지주의 역량, 영향력이 중요하다. 동산화 과정을 거친 땅이란 지주역량이 탁월한 경우이리라. 아무리 안 좋은 땅이라도 주인을 잘 만나면 땅 팔자가 바뀔 기회가 있는 것이다. 이 때 못 생긴 땅이 무조건 가치가 낮은 땅이 아닌 것이다. 존재가치가 0인 경우는 없으니까. 용적률과 건폐율 없는 땅은 존재할 수 없는 것이다. 움직일 수 있는 동력이 없는 지주는 지주 자격이 없다고 본다. 움직일 기세조차 없다면 그 땅은 매수 금물이다. 불법행위로 움직일 수밖에 없기 때문이다. 잘못된 과정을 거친다면 지주가 범법자로 전락하고 말 것이다. 땅이 아무리 무에서 유를 창조, 강조할 수 있는 덕목, 종목이라지만 불법과 편법을 동원하면서까지 동산화 과정을 거칠 이유가 하등 없는 것. 잘 생긴 땅이 반드시 좋은 위치에 놓여 있을 것이라는 예단+사고 역시 큰 착각이다. 땅은 가치의 산물이다. 가치는 희망이다. 땅 가치를 굳이 분류한다면(인위적) 크게 두 가지 방향으로 갈 수 있다.

1. 물리적+창조적 가치(예-인허가과정) - 실수요명목에 해당
2. 경제적 가치 - 투자가치와 동일 수위

인간의 가치가 곧 부동산 가치인 것이다.

실례) 옷+음식+부동산(의+식+주) 중 역사가 가장 오래된 게 있다. 부동산이다. 땅이다. 그러나 땅은 과거엔 필수덕목이 아니었다. 음식이 가장 오래된 덕목이요 필수항목으로 접근했을 터이니까. 세 가지 중 음식이 전무한 지경이라면 인간 수명은 멈춘다. 노숙자는 당장 죽지

않는다. 옷 없어 당장 죽는 건 아니다. 고등동물 역시 먹어야 산다. 식욕은 성욕과 더불어, 중요한 인간 덕목 중 하나다. 새로운 인구를 만드는 성욕과 인간의 활동을 적극적으로 자극하는 식욕의 역사는 길다. 깊다. 생산가능인구는 15세 이상에서 64세까지로 왕성한 활동기다. 왕성은, 완성을 향한 주무기다. 움직이는 동선, 동력이 크다. 강하다. 못 생긴 땅과 잘 생긴 땅은 두 가지 경우의 수(상황)에 직면할 수 있다.

1. 물리적인 면을 강조, 중요시 여기는것 – 실수요가치(존재성)

2. 경제적인 면을 강조, 중요시 여기는 것 – 잠재가치

국토의 성격과 그 종류

1. 인구가 증가하는 공간(지역)

2. 인구가 감소하는 공간(지역)

넓이(면적)는 인구가 증가하는 공간보단 인구가 감소하는 공간이 더 넓다. 장수시대, 개발호재지역 대비 개발부재지역의 면적이 더 많을 수밖에 없어서다. 국토의 기능은, 인구 세력에 따라 변화한다. 노인인구보단 '비노인인구'가 더 중요한 까닭이다.

사람 몰리는 지역의 특징과 사람 안 몰리는 지역의 특징

사람 몰리는 지역과 사람 안 몰리는 지역의 특징은 무엇인가. 무조건 사람이 몰린다고 좋은 건 아니다. 가수요자가 집중 몰리는 곳과 실

수요자가 집중 몰리는 곳으로 대별되어서 하는 말이다. 가수요자가 생기는 건 떴다방이 바람잡아서다. 중요한 건 실수요가치가 높은 곳엔 항시 투자자가 집중적으로 몰려 투자자가 공격적으로 투자를 하여 한 지역이 부동산 폭등지역으로 반전할 수 있다는 사실이다. 국토라는 대형 공간을 가수요공간과 실수요공간으로 대별할 수 있지만, 언제 어느 때 변수상황이 발생하여 반전효과가, 반사효과가 발생할지 모른다. 가수요 공간이 실수요 공간으로, 혹은 실수요 공간이 투자 공간으로 반전하는 경우가 다반사이다. 가장 발전적인 곳이 젊은인구와 노인인구가 균형을 이루는 곳인 것처럼 실수요자와 가수요자가 적정비율을 유지할 수 있는 곳이야 말로 미래가치가 높다 할 수 있을 것이다. 사람이 몰린다면 거품가격을 쉽게 형성할 수 있어 거래량이 급감할 수도 있다. 이는 가수요자가 일시적으로 집중 몰려 문제점이 발생할 수 있는 것이다. 실수요자인 고정 및 주거인구가 거품가격을 만드는 일은 드물 것이다. 개발계획 하나로 가수요자가 집중적으로 몰리는 것과 개발진행 중에 가수요자가 집중적으로 몰리는 것은 그 의미가, 그림이 다를 것이다.

　인구동태를 파악할 수 있는 여건이 조성되었는지 투자자는 항상 견지할 필요 있다. 고정 및 주거인구가 꾸준히 증가하고 있다면 그곳은 미래가치가 높아만 갈 것이다. 사람이 집중 몰리는 대신 거품가격이 아닌 시세(거래가 중심)가 제대로 정립, 형성되어 폭등가격구조를 만들 수 있을 테니까. 사람이 몰린다고 무조건 투자처로 합격점을 받는 건 아니다. 인구의 질적가치가 중요하기 때문이다. 고정인구인 젊은인구 동력과 젊은 주거인구가 긴요하다. 이런 인구 없이 무조건 투자자만 몰린다면 개발청사진 하나에 집착할 수밖에 없는 것. 불안한 투자가 되는 것이다. 지금은 난개발시대다. 연속된 공급과잉현상의 직접적인 연유다. 허허벌판을 개발하는 것보단 접근성 높은 (기존인구 활동력을 보고) 곳을 눈여겨 볼 필요 있다. 허허벌판을 접근성 높은 곳이라고 우기는 사람은 없을 것이다. 아니, 장차 접근성이 높아질 것이라고 단언할 수는 없다. 개발청사진을 그리는 곳이 인구상황이 열악한 지경이라면 개발효과와 그 반전효력, 반사이익은 요원한 것 아니랴.

마스크가 리스크 만든다

사람 사귀기 힘들다. 사람의 종류가 둘이라서다. 가면(가식) 쓴 자와 그 반대의 사람으로 나뉜다. 이런 면에서 부동산 성질이나 사람 성질이나 매한가지 입장이다. 부동산의 가면 역시 가면 쓴 사람 그 이상으로 추상적, 장식적이요 가식적이다. 리스크(위험성) 줄이기와 마스크(가면) 벗기기, 이 두 가지는 부동산 투자자에게 필요한 덕목일 것이다. 마스크(과대포장상태) 벗으면 리스크 줄일 수 있다. 과대포장과정은 비현실적이고 형식적인 과정일 테니까. 생땅(생얼)에 과대포장(화장) 하는 수준이 상식 이하라면 사기 버금 간다. 리스크 수준이 높아진다. '마스크'

없는 부동산 없듯 리스크 없는 부동산 없다. 마스크는 외부적으로 잘 드러나나, 정확성이 낮아서다. 화려한 상태의 하드웨어(허울)만 보고 투자하지 말아야 하는 이유다. 한 지역의 랜드마크가 마천루이지만 속빈 강정이라면, 즉 높은 공실상태라면 리스크 수위는 높아만 갈 것이다. 차라리 이럴 바에는 비록 외부적으로 초라한 하드웨어상태지만 꽉 찬 상태가 훨씬 효율적일 것이다. 실용적이다. '마스크' 하나 보고 리스크 상태를 점검할 수는 없다. 마스크(형식, 외모)를 벗길 수 있는 용단, 용기가 긴요한 까닭이다.

국가원수는 '국가 관리'에 앞서 '자기 관리'가 우선. 같은 맥락에서 투자자는 '투자 관리(이행+이해)'에 앞서 자기 관리(자신의 입지, 처지)가 우선인 것이다. 자신을 모른 채 무엇을 하겠는가. 지피지기면 백전백승이라 했던가. 하나, 상대와 나를 함께 알면 유리할 것이나, 우선 상대보단 나를 더 상세히 연구분석할 필요 있다. 나를 저울질 할 수 있는 계기(여유의 공간)가 긴요한 까닭이리라. 마스크를 먼저 알고 나서 리스크를 연구분석 하는 길이 아름답고 안전한 구도(求道)의 길이 아닐까 싶다.

부동산 매입 시 필요한 5가지 조건

부동산 매수할 땐 여러 각도의 필요충분조건이 존속할 것이다. 어떤 면에선 필요충분조건은 '필요충족조건'일 것이다. 개별적으로 말이다. 객관적으로 볼 땐 만족도가 높아보이나, 의심의 눈초리가 생긴다면 부동산 매수는 영원히 힘든 일이 될 수도 있다. 움직일 수 없을 수도 있다. 부동산 매수작업은 투자와 실수요로 나뉘고, 투자는 규모와 성격이 판이한 지경이다. 개인투자자와 법인 및 국가 차원의 투자도 있을 법하니까. 국가가 투자하는 모형에 따라 개인투자자가 발현하는 것이다. 국가가 적극적으로 움직일 때 개인 역시 공격적으로 변할 수 있는 것이다. 국책사업의 활동영역, 활용영역 따라 개인이 더불어 움직이는 것이다. 부동산은 동산화 과정을 필요로 하는데 여건 조성은 개인 몫이다.

부동산 매입 시 필요한 5가지 조건

1. 힘

2. 성질

3. 느낌(감) – 현장감이 그 좋은 실례. 현장감이 곧 제육감의 근원이지 않을까 싶다. 분위기나 군중심리에 의해 맘이 요동친다.

4. **돈과 여유**(맘) –정신적 여유가 곧 경제적(가치)+육체적 여유 아니랴. 물론 이들의 재료가 일방적으로 돈일 수 있지만 말이다.

5. **변수 연구과정**이 필요하다. 1~4까지 커버할 수 있는 대목이니까.

투자자에게 필요한 힘은 잠재력이다. 잠재력과 더불어 자제력도 필요한데 이는 돈 버는 것 그 이상으로 돈 관리 과정도 중차대한 일이므로.

요컨대 집중력과 인내력이 모자란 상태에선 잠재력이 발동+발효되지 않는다. 특히 땅의 경우, 집중과 인내가 긴요하다. 땅은 부동산 종목 중 가장 큰 잠재력을 소유한 재목이다. 역시 부동산 종목 중 유일무이한 미완성물 장르가 땅이고, 동산화 과정을 반드시 필요로 한다. 가격상승세력이 발현한다. 새 가격을 쓴다. 자유자재로 그린다. 개발계획도에 따라 가격 크기가 만들어진다. 달라진다. 하루 새 2배 이상 뛰는 경우도 흔하다. 개발청사진 규모가 곧 가격 규모일 법하다.

실수요자에게 필요한 성질은, 역시 편익성과 활용성이다. 집은 성질이 중요하다. 삶의 질과 관련 있기 때문이다. 땅은 힘과 성질 모두를 필요로한다. 둘 다 중요하다. 가치와 가격을 동시에 고려하지 않으면 안 되기 때문이다. 미완성물의 완성물을 향한 지대한 노력인 것이다.

거래량 많은 곳의 특징

거래량 많은 지경의, 지역의 부동산이 최고 부가가치를 구가할 수 있을 것이다. 부동산주인 의지에 부응할 만한 환금성 높은 부동산이 최고의 부동산일 터이니까. 외부적으로 아무리 화려한 명품부동산이라도 부동산주인이 매도하려고 해도 나가지 않는다면 그 부동산은 명품부동산의 자격조건에서 박탈당할 것이다. 거래가 안 되면 사람들이 집단적으로 외면할 것이다. 수요자가 몰릴 만한 부동산은 여러 사람들로부터 관심 대상. 더욱더 그 가치가 높아질 수밖에 없는 것이다.

거래량 많은 곳의 특징

1. **지역이 젊다.** 장수시대에 맞게 현재는 노인인구가 많지만 젊은인구가 급증세라면 그 지역은 젊다고 말할 수 있다. 잠재성 있는 지역이므로. 노인인구가 증가하는 가운데 젊은사람이 급감한다면 젊은인구의 희소가치는 갈수록 높아질 것이다.

2. **고정인구가 많다**(유동인구 대비). 고정인구는 주거인구와 색깔이 다르기 때문이다. 고정인구는 일하는 인구로 경제활동인구의 주축세력이다. 대신 주거인구 중엔 노인인구인 비경제활동인구도 포함된 지경이다. 주거시설은 (제2,3종 일반주거지역인 아파트단지 외에) 제1, 2종 전용주거지역인 전원주택도 포함된 상태 아닌가.

3. 단순히 화려하고 큰 **부동산이 존재한다고 해서 거래량이 많은 건 아니다.** 왜? 대형부동산에서 공실현상이 목격되는 게 작금의 실정 아니랴. 1인 가구가 기하급수적으로 증가하는 마당 아닌가. 소형부동산이나 소형토지 인기가 높은 이유다. 대형보단 실용성 면에서 유리하다.

4. **거품가격의 의심을 안 받는다.** 거품가격이 없다. 대신 가격오름세가 꾸준하다. 거품가격은 입으로 정해진 비정상적인 가격구조이지만 가격오름세, 폭등세력은 정상구도를 그린다. 개발 등 이슈거리라는 큰

재료에 입각해, 힘입어 만들어진 상태이기 때문이다. 사람들이 거품가격을 꺼리는 이유는, 거품가격은 떴다방들이 아무 노력 없이 손 안 대고 코 푸는 격으로 인위적으로 만든 실속 없는 신용 잃은 가격이기 때문이다.

투자가치 높은 땅 선택방법

(대자연의 상황을 비롯한) 실수요 공간이 투자공간보다 더 넓은 이유는, 국토 안에 녹지공간인 미개발공간이 개발공간 대비 수적으로나 양적으로 훨씬 많고 넓어서다. 비포장도로 수가 적어지는 추세이나, 여전히 악성 맹지가 국토 전반을 뒤덮고 있는 지경이리라. 관광지역(녹지공간)이 실수요 명목의 공간인 이유는, 관광지역이라는 대형공간 안은 고정인구보단 관광 및 유동+이동인구가 훨씬 많기 때문이다. 실수요지역 안에 전혀 유동인구가 없는 건 아니나, 고정인구가 지역의 중심축이다. 공실률이 낮은 지역엔 지상물 구도 역시 제대로 그려진 지경이라 그 광경을 보고 이동 및 유동인구 수도 급증세인 것이리라. 즉 지역 잠재력이 큰 것이다.

대자연에 직접적으로 예속되어 있는 관광지역의 관광인구를 위한 숙박시설이 긴요하다. 대형 관광 공간 안이 간접투자지역(장기투자공간)

인 까닭이리라. 직접 투자지역 옆이 바로 간접 투자지역인 것이다. 부동산의 인접 및 연접성의 힘은 그 누구도 막지 못한다. 숙박시설물이 증가하면서 주변 땅값이 상승할 수 있지만, 고정인구를 필요로 하는 각종 산업단지 주변 땅 가치와 현격한 차이가 벌어지기 마련이다.

땅 가치의 기준은 고정 및 주거인구의 다양한 각도의 변화인 것이다. 관광인구가 땅 가치에 큰 영향력을 행사할 수 없다. 작은 영향력을 행사할 줄 안다. 기대감이 낮은 편이다. 다만, 대규모 관광단지개발이 추진된다면 이야기는 달라질 것이다. 하나 산업단지와 다른 모드다. 투자자가 바로 인지할 사안 중 하나. 역시 개발청사진 앞에 놓인 토지이용계획확인서와 지적도 등 공부는 거반 유명무실할 수도 있다는 점이다. 개발 시 모든 상황이 환골탈태의 기회가 될 수도 있기 때문이다. 투자자 입장에선 거듭날 수 있는 기회다. 새로운 지역이 탄생하는 데 기존 토지이용계획 안의 상황이 당장에 중요한 건 아니다. 투자 명목 앞의 공부(公簿)는 무용지물에 근접하다. 단, 실수요 명목 시 중차대한 요소다. 공부 상태가 100% 영향력을 행사하기 때문이다. 당장의 건축행위가 긴요한 지경 아닌가. 투자자는 당장의 건축행위가 중요한 게 아니라, 가치에 따른 가격상승의 동력에 관한 기대감에 충실하는 것이다. 공부의 필요성은, 실수요자에 해당되는 사안이다. 투자자에겐 개발지 위치가 중요하기 때문이다. 실수요자는 고정인구 상태를 보고 부동산을 매수하지 않지만 투자자는 고정인구 상태와 인구의 질적가치,

그리고 인구의 증감상태를 중요시 여기지 않으면 안 된다. 절대적으로 말이다. 개발지 위치가 좋다면 (고정인구 확보가 수월하다는 사실을 현실로 적극 수용할 때) 당연히 자연히 투자성공 확률은 높아질 것이다.

집과 땅의 차이 - 집은 투자자 옆에 있는 완성물(지상물)이지만 땅은 완성물을 향해 적극 진격하는 미완성물이라는 것이다. 땅을 투자종목으로 인식하는 인구가 급증하는 이유가 무엇인가. 집은 폐경기가 있지만 땅의 폐경기는 없기 때문이다. 성장기와 사춘기가 대부분인 미완성물이 바로 땅인 것.

수도권 투자자와 비수도권 투자자의 차이

투자자가 수도권에만 국한된 건 아니다. 수도권지역에 투자하는 여정과 비수도권에 투자하는 여정의 차이점은 '인구의 양적 및 질적 차이'로 점철될 것이다. 전체인구가 집중력 있게 분포되어 있는 곳과 전출인구가 많은 곳의 차이점은 클 수밖에 없는 것이다. 수도권 투자자는 인구의 다양성과 그 잠재성을 보고 투자하여 고액 투자자로 변할 수밖에 없다. 가치가 곧 가격 아니랴. 큰 돈이 든다. 지분 투자자가 많은 이유다. 비수도권 대비 수요량이 많아 이런 광경이 자주 벌어질 수 있는 것이다. 이참에, 차제에 지분의 존재 의미를 공부할 필요 있다. 수도권은 사람 통해 미래성, 미래가치를 가늠하는 지경이다.

비수도권 투자자는 자연(대자연)의 오묘함과 생태계의 특질을 보고 움직일 수 있어 거반 실수요 모드다. 소액으로 땅 살 수 있지만 인구감소현상이 아쉬운 대목이다. 유동 및 이동인구에 지배 받는 상황이 계속 전개+지속되고 있다. 장기투자모드이므로 실수요모드로 인지한다. 요컨대 수도권 투자자는 인구상태를 보고 투자하나(인구의 가치), 비수도권 투자자는 자연의 오묘함(자연의 이치) 속에서 미래가치를 저울질 할 수 있는 것이다. 수도권 투자자가 유리한 건, 각양각색의 인구 속에서 잠재성을 볼 수 있기 때문이다. 단기투자가 가능한 것이다. 비수도권 투자자는 자연 속에서 잠재성을 찾을 수 있다. 자신이 개발하여 펜션 등 각종 숙박시설을 통해 재테크 과정을 밟는 경우가 많은 이유다. 유동인구의 움직임 통해 내 땅의 미래가치를 저울질 하는 것이다. 수도권 투자자는 고정 및 주거인구 통해 미래가치를 가늠한다. 왜? 상업시설과 주거시설이 오지 속에 입성할 수 있는 국토 사정이 아니지 않는가. 국토는 고정인구가 집중 몰릴 만한 공간(처지)과 유동인구가 예속될 수 있는 여건의 공간으로 대별되는 것이다.

결국, 수도권 투자자가 보는 건 인구의 질적가치이지만 지방 투자자는 땅의 존재가치, 즉 자연의 이치와 가치에 의해 맘이 움직일 것이다. 만약 무턱대고 무조건적으로 인구 따라 투자자가 움직인다면 비수도권엔 투자자가 생길 수 없다. 인구감소현상과 노인인구 급증세 속에 투자할 맘이 생기겠는가. 고정인구가 꾸준히 감소한다고 해서 유동인구마저 꾸준히 감소하는 건 아니다. 대자연은 관광인구를 적극 불러들일 강한 힘이 있기 때문이다.

거품가격과 폭등가격의 차이가 큰 연유

개발계획이 세워진 곳에서 대지 찾는 경우가 있는데 이는 하수의 전형 모드라 무의미한 행동이다. 큰 개발로 말미암아 대지가 변할 수 있기 때문이다. 주변이 변모한다. 대지도 예외가 아니다. 큰 개발 덕에 새 건물들이 변한다. 건축한 지 얼마 안 된 새 건물이 환골탈태의 과정을 밟는다. 개발 공간 안에선 지목 상태에 일방적으로 지배를 받는다면 투자를 할 수 없다. 개발과 재개발은 확연히 다르기 때문이다. 재개발지역의 경우엔 역사가 깊은 부동산 구도를 그린다. 부동산 가격 및 배치구도가 제대로 형성된 지경이다. 새로운 개발이 수립될 곳과 천양지차인 것이다.

개발계획 안의 맹지나 농지, 임야 등을 구입하는 경우는 전적으로 투자자 모형이다. 실수요 모드가 될 수 없기 때문이다. 만약 실수요 겸 투자모드로 움직일 생각이라면 큰코 다칠 수 있다. 투자에 전적으로 에너지를 쏟아붓지 않으면 안 된다. 요컨대 개발계획 범주에 들어선 경우엔 지목 및 도로 상태와 무관하게 행동해야 할 줄 안다. 역시 주변이 변할 수밖에 없어서다. 개발의 다른 말이 무엇이랴. 그건 바로 '변수'인 것이다. 개발의 시발점과 종착점의 차이는 하늘과 땅 차이 아니랴. 변수가 곧 기대감인 것이다. 변수가 괜찮게 변하면 잠재력으로 비화되는 것이다. 단, 양적(물적) 및 질적가치가 변했을 때 말이다.

땅의 존재가치와 집의 존재가치가 다르듯 실수요 모형과 투자 모드는 극과 극을 달린다. 노인이나 성인의 존재가치와 아이 존재가치가 크게 다르듯 땅과 집의 존재가치가 절대로 같을 수는 없는 것이다. 땅이건 집이건 거품가격에 항시 노출되기 마련이다. 땅과 주거시설은 공존할 수밖에 없어서다. 전국적으로 아파트가 풍성, 풍년이기는 하나, 역사가 깊은 단독주택이나 농어촌주택(농가주택)이 지역 깊숙이 개입되어 있는 게 현실이다. 큰 개발구도에 따른 주거시설이 아파트와 같은 집합건물이라면 개발과 거의 무관한 주거시설은 단독주택이라 말할수 있을 지경.

개발(지역)의 시발점은 주거시설물의 설치, 설정(지정)이다. 집합건물의 대명사 격인 아파트단지가 들어서면서 택지가 조성된다. 집을 지을 만한 땅이 조성(택지조성 및 미니신도시 발현조건) 되어 역시 상업 및 주거, 공업단지가 입성한다. 한 지역의 개발공간 안에 주거지역만 존속할 수는 없는 법이니까. 투자자나 실수요자나 거품의 의미를 바로 알지 않으면 안 된다. 즉 거품가격의 의미와 폭등세(상승세)의 의미는 다르다. 차이가 심하다. 마치 땅의 개별공시지가와 시가와의 차이처럼 매우 크다. 심하다. 거품가격은 개별적이고 주관적이다. 수요자가 많지 않은 상태에서 발동한다. 폭등가격은 객관적이고 수요가 폭증한다. 꾸준히 증가할 수 있는 원동력이나, 거품 냄새가 나면 냄비현상이나 근성에 지나지 않을 줄 안다.

결국, 개발지역 안엔 두 가지 가격이 공존할 수밖에 없는 것이다. 거품가격과 폭등가격이 공존하는 것이다. 단, 거품가격은 개발의 필요성이 낮은 불요불급한 상태에서 형성된 것이지만 개발의 타당성이 높고 반드시 개발이 필요한 지경에 이른 지역엔 폭등가격이 당연히 자연히 형성될 수 있는 것이다. 즉 거품가격과 폭등가격을 구분할 수 있는 사람은 개발의 필요성에 대한 견제와 견지 능력이 빼어날 것이다. 하수는 상황에 따라 달라지는 부동산 변수를 수용하지 않으나, 고수는 상황에 따라 움직인다. 규제에 대한 강한 선입견이나 부동산에 대한 거대한 고착관념 따위를 애써 타파하는 자가 고수다. 하수가 쉽게 움직일 수 없는 건 부동산에 대한 오랜 고착관념 때문이다. 그 관념을 쉽게 버릴 수 없다. 하수가 일면과 단면을 볼 때 고수는 양면을 다 본다. 내면에 다 볼 수 있는 여유 공간이 있다. 양면을 다 보려 노력해서다. 노력 후 비평한다. 그러나 하수는 평소 잘못 알고 있는 짧은 지식과 식견으로 모든 상황과 분위기를 판단한다. 자신의 처지(의지)와 안 맞는다면(평소 오해하고 있는 것들) 무조건 비판 일색. 귀를 굳게 닫는다. 알아보지도 않은 채 말이다. 기회를 스스로 박찬다. 평소 규제 등 부동산 맹점

공부를 등한시 해서 생긴 불화이리라.

부동산 실수(와 고민이) 많은 이의 특징

부동산 실수로 말미암아 고민이 많은 사람들이 많다. 그들만의 특징이 있다. 한결같이 비전문가들의 말을 듣는다. 갖가지 크고 작은 뜬소문과 유언비어에 귀를 크게 열어놓는다. 대대적으로 오픈한다. 올인한다. 비전문가의 시기, 질투에 함몰, 함락당하고 만다. 민감하다. 문제는, 전문가이지만 소양이 부족한 전문가가 존속할 수 있다는 점이다. 부동산은 장르별로 그 특징이 존속하기 때문에 '땅 전문가' '상가전문가' '경매전문가' 등으로 전문분야가 어쩔 수 없이 나뉘기 마련이다. 마치 내과의, 외과전문의, 산부인과 전문의가 있듯이 부동산 역시그 장르별로 각자의 특기가 있는 것이다. 물론, 산부인과의가 내과환자진료를 전혀 할 수 없는 건 아니나, 정확도나 집중력에서 차이점이드러날 수밖에 없는 게 사실이다. 현실이다. 골고루 알 수도 있지만 그건거반 불가능하다. 대강만 알 뿐 구체적 접근이 쉽지 않을 것이다. 요강(급소)만 모색하는 건 무리다. 급소를 알기 전에 전반적으로 고루 경험할 필요가 있는 것이다. 즉 기초와 기본이 곧 급소는 아닌 것. 급소의발견은, 핵심의 발견은 기초 마스터 후에 벌어질 일이다. 초보자 입장에서 요강(急所)만 모색하는 건 무리다. 경험이 부족할 수 있어서 하는 말이다.

늘 아파트와의 거래를 통해 아파트와 친숙한 공인중개사에게 땅을 알아본다는 건 무리수다. 실수 확률이 높을 수 있어서다. 더 큰 문제는, '땅 전문가'가 '단면+일면'만 바라보는 오류를 쉽게 범할 수 있는 것이다. 부동산공법과 그 외적 요인에 대해 신경 안 쓴다. 즉 실수요자와 투자자 구분조차 하지 않으려는 건 자기모순이다. 부동산 공부는 단순히 노력과정으로는 부족하다. 부족한 공간을 채울 길 없다. 급소인 핵심사안을 모색하지 않으면 안 되는 연유다. 부동산은 사람(속성, 본성)이다. 결코 그림(외형적 요소)에 국한된 건 아니다. 사람을 잘 만나지 않으면 안 되는 연유다. 사람을 잘 만나야 한다. 투자과정에 있어 비전문가의 원성과 푸념은 일절 도움이 될 수 없다. 긍정의 힘은 존속하나, 부정의 힘이란 말은 절대 존재할 수 없다. 부정은 또 다른 부정을 낳기 때문이다. 비전문가는 또 다른 모드의 비전문가와 협공+협조한다. 부자는 부자와 협조한다. 동조한다. 그 모습이 흉악망측하다고 말하는 이도 있을 수 있지만 일방적으로 비판만 할 건 아니다. 빈자는 부자들에게 접근하지 못한다. 실력이 긴요한 까닭이다. 예비부자는 부자의 장점을 자기 것으로 승화, 진보시키려 애쓰지만, 빈자는 부자의 단점을 모색하는 것 같다. 노력은 실력과 전혀 다른 의미를 내포한다. 실력은 곧 능력이므로. 노력을 실력이라고 말하는 이는 없을 것이다.

부동산 투자시기는 장소따라 달라진다.
개발완료지역은 거품가격에 몸살을 앓고 있을 확률이 지배적이라서다.
투자자가 원하는 지역 공간이 아니다. 경제원론을 분실한 지경이다.
개발지역이 투자시기의 재료다.

,,

Chapter 03

(안전성 확보를 위해) 땅의 힘보단 땅 고유의
성질을 믿고 투자하라

(안전성 확보를 위해) 땅의 힘보단 땅 고유의 성질을 믿고 투자하라

어느 한 지역의 부동산 가격이 폭등하고 있다면 분명코 거기엔 깊고 높은
이유와 뜻이 공존할 것이다. 다름 아닌, 역시 꾸준한 고정인구의 증가세일 것이다.
고정인구가 증가한다면 자연히 유동인구도 증가할 수 있기 때문이다.
지역의 희망이 곧 단단한 고정인구의 증가인 것이다.

부동산 투자시기와 대박 터질 곳은?

부동산(不動産)은, 시공간(時空間)이 긴요한 재목이다. 시간과 공간 없
는 부동산은 절대 존재할 수 없다. 아니, 반드시 그것을 필요로 한다.
인위적일 수 있다. 부동산은 항시 대명제를 안고 있기 때문이다. 부동
산의 동산화 과정 중 하나인 환금화 과정을 필요로 하는 것이다. 부동
산에 관한 기대감은 계속 된다. 대지 및 택지화를 꿈꾸는 부동산(땅)이
대부분을 차지하는 게 국토 사정(현황)이다.

"부동산 투자 시기를 알려주시죠?"

부동산에 관심 많은 분들이 자주 하는 질문이다.

"대박 터질 만한 지역 하나 선정 해주시죠?"

이 역시 자주 받는 질문 중 하나다. 우문 중 하나다. 변수 많은 부동산을 예단+속단하는 건 위험천만한 일 아닌가. 정답을 고대하기에 앞서 해법(해답에 근접) 모색과정을 밟는 게 순리라 본다. 부동산은 시간과 세월에 압박을 받는다.

예) 투자기간과 투자시기 등

계절 따라 구매욕구와 매수욕이 발동한다.

물(자연의 일부)과 근접한 계절 - 여름

불(인위적 성향이 강함)과 가까운 계절 - 겨울

여름과 겨울철은 물리적 위험도가 높다. 때론 물과 불을 필요악이라고 말할 수 있는 이유 중 하나다. 하나, 시중(時中)인 상황성을 무시할 수 없다.

(투자자가 집중 몰릴 만한) **분위기에 가까운 계절 - 봄가을**(사색의 계절이기 때문이요 투자 심리가 촉발할 수 있는 상황이기 때문이다)

요는, '감(느낌)'과 체온 따라 매수심리가 발동할 수 있다는 것이다. 계절차가 심한 편이다. 사계절이 뚜렷하다. 느낌 면에서 따뜻한 것과 뜨거운 건 확연히 다르다. 더운 것과 따뜻한 것 역시 크게 다르다. 크게 다른 느낌이 든다. 다른 의미다. 더울 때보단 따뜻하다는 느낌이 들었을 때 투자심리가 발동해서다. 날씨 따라 가격변화현상이 일어난다. 시원하다고 느낄 때 투자한다. 춥다고 느낄 때는 미동조차 버겁다. 춥다는 것과 시원하다, 차갑다는 것도 다르다는 것이다. 긴 동면 끝에서 빠져나온 지경이라면(기온 상승시) 가격이 뛴다. 분위기(군중심리)가 달라져서다. 곧 인구는 계절 따라 그 구성도가 판이한 것이리라. 형태가 달라진다. 기대감의 높이가 낮지 않다. 단, 인구 구성이 중요하겠지만 무조건 양적(예-크기+규모)으로 승부할 수는 없는 법이다.

예) 노인인구 폭증현상(65세 이상 인구가 급증한다면 그 지역에 대한 기대심리가 위축될 것이다. 수요 및 소비인구가 아니라서다)

허벅지가 굵고 비만하다고 무조건 몸짱이라고 매도하면 안 된다. 몸의 균형이 중요하기 때문이다. 배율이 중요한 것이다. 인구 역시 마찬가지인 것이다. 가치 낮은 인구가 폭증한다면 이야기는 달라질 것이다. 거품(지방질)도 연구 대상이다. 분석 대상이다. 거품의 재료, 무기는 다양한 각도+구도의 인구 분포도이다. 젊은공간과 더불어, 노인 및 준노인(베이비부머) 공간 비율도 긴요+중요한 것이다. 몸무게가 많이 나간다고 나쁜 건 아니다. 균형감각이 중요하기 때문이다.

예) 근육 양과 지방 양(거품 내음)의 배율이 역시 중요하다

거품의 종류 – 큰 거품과 작은 거품(작은 거품의 기준을 분별할 수 있는 능력이 필요하다. 어차피 매력 있는 곳엔 거품이 주입되기 마련이기 때문이다. 사람들이 집중 몰린다)

경매가 인기다. 사람들이 집중 몰리는 경매물건이 있다면 그 물건도 거품 대상에서 예외일 수는 없다. 그러나 경매는 비교적 안정적이다. 줏대 있는 상황에서만 말이다.

집 경매가 필요한 경우 – 내 집 마련의 기회

토지경매가 필요한 경우 – 저렴하게 구입할 수 있는 절호의 기회(단, 장기투자명분이 강하다는 사실을 항시 잊어선 안 된다)

경매 – 실수요가치가 높고 투자가치가 낮다. 작금의 부동산 세계+시계는 과거의 모드(명성)와 전혀 다른 모드이므로. 특히 아파트 폭등시대 대신 아파트 거품시대가 이어지고 있는 것이다. 아파트 폭등시대가 아니라는 말이다. 거품을 만드는 자는 떴다방이다. 대규모 아파트단지엔 약방의 감초인 그들이 기생 중이다. 문외한인 하수들은 허수인 뜬구름을 마구 잡는다. 그 통에 거품이 마구 주입되는 것이다. 투자가치 높은 경매물건이 없는 건 아니나, 그건 무시 대상. 대출노선이 필요할 수 있어서다. 낙찰가격의 크기가 커서다. 배(시세)보다 배꼽(낙찰가)이 더 크다. 경제원론을 위배한다. 사람이 집중 몰려 가격의 이성을 잃는다. 투자가치 높은 희소가치 높은 경매물건은 사람들의 관심사가 높다. 사람들이 집중적으로 몰려 거품이 주입되기 마련이다.

투자의 적기 – 경매물건으로 투자적기를 견지할 필요 없다. 경매물건이 동 날리는 만무하니까(특히 주거시설. 예비 하우스푸어가 다량 분출 중이다). 호경기든 불경기든 상관 없이 그 물건이 꾸준히 속출한다. 즉 투자의 적기란, 개별적인 성향이 매우 강하다는 것이다. 개변성도 높다. 상황성과 시중(時中) 따라 변수가 정해진다. 정부의 대출 통해 집 매수하라는 제스처에 쉽게 속지말지어다. 좋은 아파트의 기준이 환금성이 높은 것이라면 하우스푸어 수는 계속 증가일로로 달릴 것이다. 아파트만 집인가. 단독주택도 집이다. 아파트 역사는 짧지만 단독주택은 아파트의 대선배다. 역사가 깊다. 빌라도 집이다. 작은 공동주택도 엄연히 공동주택이다. 집합건물을 대표할 만한 큰 공동주택인 아파트만 고집할 필요 있으랴. 공동주택은 공급과잉의 대상이나, 단독주택은 판이한 지경. 역사가 깊다. 단독주택 주변에 대규모 아파트단지가 입성하는 날부터 기존 오래된 단독주택 가치는 낮아지기 마련이다. 하나 그 가치가 삶의 가치는 아닌 법이다. 그렇기 때문에 실수요 목적으로 집 마련을 하고자 한다면 단독주택을 무시하면 안 된다. 물론, 투자가치는 거반 0이다. 실수요가치는 다른 모드이다.

문제는, 항시 '개발' 공간 안의 주거시설이 아파트라는 사실이다. 현실이다. 단독주택엔 신경 안 쓴다. 아파트 가치가 곧 지역 가치를 대변+조율하는 입장이다. 아파트가 주거시설을 대변한다. 택지조성지역 안에 아파트만 있는 건 아니다. 업무 및 상업시설물도 입성한다. 집(주거인구)이 존속한다면 고정 및 유동인구를 필요로 하는 상업 및 업무시설도 필요한 법이다. 아파트가 전부는 아니다. '규모(단지)'가 곧 개발인 양 소란, 요란스럽다. 삶의 가치가 긴요. 중요하다. 전원시대 및 장수시대 아닌가. 필자 생각엔, 앞으로 전원주택가치가 아파트 가치보다 더 높을 수 있다고 본다. 왜냐, 서울 아파트 가격 불안으로 경기지역 인구가 급증세인데 경기지역에서 집 살 때 미리미리 미래를 준비하려고 전원 및 도시생활을 함께 영위하고자 애쓰는 다양한 인구(노인인구와 은퇴인구와 에코세대)가 급증세 아닌가. 희망적인 사안은 젊은인구가 대거 경기지역으로 이동 중이라는 점이다. 전원주택도 접근성을 중요시 여겨서 지방 대비 수도권에 전원인구가 집중 몰리는 법이다. 귀경인구는 경기지역에선 발생할 수 없다. 전철라인이 다양해서다. 지극히 자연적인 현상이다. 전원주택이 무조건 투자가치가 낮은 건 아니다. 경매물건이 무조건 투자가치가 (존재가치가) 낮다고 말할 수 없는 것처럼(단, 돈 놓고 돈 버는 식) 전원주택을 무시할 수는 없다. 경기지역 전원주택 가치는 높다. 전철 노선의 다양성 때문이다. 앞으로 더욱더 노선이 다양화 된다. 빨라진다. 이동 수단이 다양하게 분출된다.

요컨대 부동산 투자시기는 장소(공간) 따라 달라진다. 개발완료지역은 거품가격에 몸살을 앓고 있을 확률이 지배적이라서다. 투자자가 원하는 지역 공간이 아니다. 경제원론을 분실한 지경이다. 다른 공간의 지역을 모색하는 게 순리다. 개발지역(곳)이 투자시기(시간)의 재료(모토) 다. 강한 무기가 되어야 할 줄 안다.

한편 부동산 대박 터질 곳은 변수가 다양하게 분출할 수 있는 곳이다. 문제는, 변수는 항상 두 가지로 발현한다는 점이다. 나쁜 변수와 좋은 변수로 말이다. 즉 대박(거의 도박 수준)은 곧 대운의 기운과 연계되는 법이다.

일반인 대상으로 부동산마니아가 강조할 수 있는 사안들

1. 부동산은 예언과 예측, 그리고 관측 대상이다. 부동산에 대한 예언은 거의 부동산에 대한 철학(지론)일 것이다. 예언과정을 무조건 무시할 건 아니다. 부동산에 대한 예측행위는 단발성이다. 장기전망이 무의미할 수도 있다는 것이다. 중요한 건 부동산에 대한 정밀한 관측여정을 밟는 것이다. 긴요한 사항이다.

부동산에 대한 예단은 위험한 행동이다(예−수익형부동산의 투자수익률을 확정적으로 말하는 행위+선분양후입주, 후시공의 폐단 중 하나를 악용 중이다). 리스크가 크다. 부동산은 항시 예외상황이 존재해서다. 예외는 변수의 다른 말.

부동산의 예측 도구

(1) 다양한 현장경험(이론경험의 다양성보단 현장의 중요성에 집중할 필요 있다)

(2) 다양한 공부와 연구과정(역시 숱한 현장공부가 긴요한 지경)

2. 만약 딸을 사람으로 보지 않고 여자로 보는 아버지가 있다면 그 아버지는 비정상적인 사고를 가진 자일 것이다. 만약 땅을 투자대상물로 보지 않고 투기대상으로 보는 매수예정자가 있다면 지나친 편견과 과오로 똘똘 뭉친 비정상적인 사고를 지닌 자일 것이다. 투자는 원금 보장을 비롯한 안전성에 지배를 받는 상황이나, 투기는 한 방으로 모든 걸 해

결하고자 하는 한탕주의자의 산물이라서 하는 말이다.

3. 잘 팔리는 땅이 좋은 땅이다(=환금성이 높다). 좋은 땅은 잘 팔린다(?). (현실적으로) 좋은 땅이 과시 잘 팔릴까.

좋은 땅의 기준은 잠재력이 높고 희소가치가 높은 것이나, 가격상 승세력이 만만치 않아 지주 입장이나 그에 상응하는 이해관계자들은 장기간 보유 심리가 작동, 작용할 것이다. 더 오를 수 있는 새로운 기회 공간을 스스로 만들려 할 것이기 때문이다. 잠재가치에 대한 기대 감이 높아서다. 안 좋은 땅이 잘 팔리는 경우도 없는 건 아니다. 외모 가 화려하나, 개발이 힘든 땅인 경우가 이에 해당한다. 외모가 화려하 다는 건 규제상황이 많다는 증거다. 자연보호가 인간보호보다 우선순 위에 올라와 있어서다. 그러나 자연보호의 공간이 개발을 필요로 하는 공간이라면 비록 (자연보호 모토 속에) 외모가 화려할지라도 미래가치에 관 한 기대감을 포기할 이유가 없는 것이다. 잠재가치에 관한 기대감을 가질 수 있다고 본다.

4. 국가의 정상적인 존속을 위한 3대 요건 = 국토(영토)+국민+국권(주 권). 이 세 가지는 국가 유지력을 위해 반드시 필요한 요건이다.

부동산 존속을 위한 3대 조건 = 땅+부동산주인+지상권(중요한 건 땅 은 모든 부동산의 원료, 원동력이라는 사실이다). 부동의 부동산을 유지할 수 있 는 능력인 것이다.

뛰어난 정치가의 조건과 뛰어난 부동산투자자의 조건 - 뚜렷한 자신 만의 정치 철학을 지닐 것. 당리당략에 쉽사리 휩싸일 필요 없다. 소속 당 눈치 보며 자신의 목소리를 내지 못한다면 그 자는 정치인 자격조건을 박탈하여야 할 터. 뛰어난 부동산 투자자(혹은 부동산전문가) 조건 역시 매한가지 입장이다. 뚜렷한 자신 만의 부동산 철학을 지니지 않으면 안 된다. 정부 등 외부세력들에 일방적으로 농간+농단 당하지 말지어다. 줏대 없으면 안 된다. 빚 내어 집 사라고 말해도 가슴이 흔들리면 안 된다.

정치 고수와 부동산 고수의 자격조건 – 양심과 배려 또한 철학 못지않게 긴요, 중요하다.

5. **부동산의 잠재된 역량**(모색 과정 중에 발견, 목격될 수 있다) – 부동산에 대한 기대감이 높은 이유.

잠재력을 발휘하는 때는, 즉 개발효과의 극대화 현상을 발견하기란 결코 쉽지 않은 과정일 것이다. '공사기간의 단축' 의 의미가 '투자기간이 짧다' 는 의미는 아니다. 개발 역량과 개발 효과가 중요하기 때문이다. 공기의 단축은 날림공사의 우려도 있다.

6. **국토를 가격이 비싼 공간과 가격이 싼 공간으로 분류하는 자** – 하수

국토를 가치가 높은 공간과 가치가 낮은 공간으로 대별할 수 있는 자 – 고수

7. **글의 재료** – 깊은 사색(들). 지식과 지혜의 비율은 유동적이다. 사람의 성질에 따라 상이할 수 있기 때문이다.

부동산의 재료 – 인적자원+물적자원의 조화. 그 배율은 5:5가 적정 수준일 것이다. 왜냐, 난개발시대라고는 하지만, 아직까지도 접근도 낮은 맹지가 국토 대부분을 채우는 지경 아니랴.

8. 부동산의 거래를 위한 이해관계자 – 중개업자와 기획부동산업자로 점철된다. 중개인은 전적으로 중개물건을 취급하며 법정수수료를 취득+고수한다. 순가식중개행위가 문제다. 일명 인정작업이 문제다. 매매행위는 시세차익을 볼 수 있고 컨설팅비용을 취득한다. 기획의 의미는 컨설팅의 뜻을 지녔기 때문이다.

집과 땅, 그리고 사람의 성질

집 대비 땅의 수명은 비교할 수 없을 정도로 길다. 시각적으로 끝을 볼 수 없는 지경이다. 땅의 수명이 집의 수명보다 길 수밖에 없는 이유는 두 가지로 점철된다. 땅이 곧 자연 아니랴. 역시 땅은 미완성물로, 부동산에 관한 시발점인 것이다. 대신 집은 완성물. 부동산의 종착점인 것이다. 실활용의 시발점이다. 아파트 입주행위가 그 좋은 실례가 될 것이다.

두 번째 연유는, 땅의 유효기간은 정할 수 없지만 집의 유효기간은 존재한다는 점이다. 예컨대 준공일의 존속(약속)이 그에 해당된다(집의 경우). 땅의 경우는 공급과잉의 기준이 존재할 수 없다. 땅이 공급과잉의 대상물이 아닌 까닭은 무엇인가. 역시 땅은 대자연을 정면으로 대변하는 입장으로, 평면적인 형태를 유지해서다. 땅은 공급과잉의 대상이 아닐뿐더러 미분양 및 공실의 대상이 아니다. 이는 투자 대상이 될 수 있는 충분한 명분이다. 개발 및 환금화 여정이 반드시 필요한 지경이다. 집과 땅은 성격 면에서 극과 극을 달린다. 그 성질이 도저히 접할 수 없는 것이다. 물론, 집과 땅은 물리적으로는 접할 수 있지만 말이다. 성질은 판이한 것이다. 마치 물과 기름처럼 섞일 수 없는 것이다. 혼재가 불가능하다. 행정적 타협이 쉽지 않다. 이견이 많다. 변수가 많다. 이는 차제에 땅의 성질과 사람의 성질을 비교분석할 수 있는 기회가 될 만하다. 이 세상(땅)엔 나쁜 사람보다 좋은 사람이 더 많다(인간의 본성은 악하지 않기 때문이다. 순수하나, 시간이 흐르면서 사람 성질에 세상 때가 묻는 것이다. 원형지에 세상 때가 묻는 양 말이다. 개발과정에서 때가 묻는다).

땅은 이와 다르다. 좋은 땅보다 나쁜 땅이 더 많다. 왜? 미개발 공간이 개발지역 범위보다 훨씬 많기 때문이다(개발은 '대자연의 공간상태'를 변화시킨 새로운 공간).

나쁜 땅의 기준 – 접근성(위치)이 낮다.

접근성의 기준 – 산과 강(대자연) 등 규제의 사슬과의 거리(접근성은 개발지와의 거리 못지 않게 규제지역과의 거리도 견지할 필요 있다). 악산과 가까울수록 위험하다. 강 역시 매한가지다. 행정적으로나 물리적으로 위험하다. 하나 나쁜 땅이 전혀 미래가치가 전무한 것은 아니다. 맹지 개발 시 그

과정 중 부동산은 항시 보상 대상에 오를 수 있다. 토지 보상을 비롯해 건축물 등도 보상 대상이다. 이밖에 수목과 분묘도 보상 대상이다. 영업손실도 보상 받는다. 농업 및 축산업도 보상 대상에 포함된다. 새로운 개발 외의 경우의 수도 발생한다. 즉 재개발 시에도 보상 단계를 밟는다. 주거이전비 및 이사비, 이주정착금이 발현(존속, 약속)하는 근저인 것이리라.

기업에서 **사원채용할 때 모집 기준** – 그 사람의 지금의 존재가치(신분)보단 미래가치(잠재가치)를 보고 선별한다. 선발한다.

투자자가 땅 투자할 때 그 기준 – 땅의 존재가치보단 미래가치를 본다. 이를 테면 지금은 농지상태지만 농지의 미래가치를 기대한다. 지금의 땅 상태(신분) 보고 투자하는 것보다 땅의 잠재성 보고 투자한다. 지금의 땅 상태를 보고 매수하는 건 실수요 명목일 때만 가능한 상황인 것이리라.

땅의 잠재력이 가장 큰 연유

가격이동현상보단 가격고정현상이 더 많다. 이 땅엔 개발지역 대비 미개발지역의 공간이 더 많아서다. 싼 땅이 비싼 땅보다 더 많은 이유이기도 하다. 명품 땅은 많지 않다. 희소가치 높은 땅이 명품 땅이기 때문이다. 명품 땅의 특징은 비싸다는 점이다.

명품 땅이 많지 않은 이유 중 하나. 이 땅엔 작은 땅 대비 큰 땅이 훨씬 많기 때문이다. 분할작업이 만만치 않다는 증거다. 단순히 분할을 위한 분할이 아닌 개발을 위한 분할작업이 필요한 때이리라. 중요한 점은, 큰 땅은 절대 명품 땅이 되기 힘들다는 점이다. 명품 땅은 작은 땅에서 분출한다. 결코 큰 땅으로부터 분출하는 경우는 없다고 본다.

땅은 잠재력의 화신, 잠재력이 큰 재화다. 연기(緣起)의 대상이기 때문이다. 주변 분위기(시세와 지상물 구도)에 직간접적으로 영향을 받는다. 연기는 의존하여 같이 일어난다는 뜻이다. 예를 들어 작은 땅 옆에 큰 땅이 접해 있는 상태를 말한다. 맹지와 비맹지가 공존한다. 땅은 고기(孤起)일 수 없다. 고기란 고립되어 단독적으로 일어난다는 것이기 때문. 부동산 구조는 고기가 아니다. 부동산의 특징 중 하나가 연속 및 연계성 아니랴. 연속성(연계성, 지속성)은 잠재성의 발로로, 잠재성의 강한 재료 중 한 가지다.

부동산이 잠재력의 화신인 까닭

100% 완전한 부동산이 존재할 수 없는 것처럼 0% 불완전한(불안전한) 부동산도 존재할 수 없기 때문이다. 존속가치수준이 1%(바닥을 기는)

의 부동산은 중첩 규제의 상황. 자연보호공간의 땅이다. 그러나 희망이 전혀 없는 건 아니다. (존속가치수준이) 1%의 땅 인근에 주거지가 입성 (형성)한다면 1%의 가치가 빠른 시간 내 10%의 가치로 업그레이드 될 수도 있기 때문이다. 주거지가 형성되면서 역시 업무 및 상업시설이 입성할 수 있다. 30%수준으로 다시 업데이트 된다. 30% 가치의 땅으로 변신할 수 있다. 인근에 역이 형성된다면 60% 가치의 땅으로 변할 수 있을 것이다. 잠재력이 무섭다. 연계성이 곧 잠재성 아니냐.

중심상업지역도 100% 완전할 수 없다는 점이 부동산의 특징 중 하나일 것이다. 가격이 계속 오름세를 유지할 수 있는 이유다(예-서울 명동). 중심상업지역 인근에 역 연장선이 생겨 새로운 인구가 형성된다면 그 중심상업지역 가치가 또 다른 모드로 변할 수 있는 것이다. 부동산이 기대감 높은 이유다. 개발완료지역이 100% 완료라는 뜻은 아니다. 중심상업지역 인근에 또 다른 인구가 증가하고 주변지역이 변하면서 가치가 업데이트 된다.

(1) 경기지역 부동산의 완성도 - 60% 이상의 가치(다양한 인구구조가 뒷받침 될 수 있기 때문이다)

(2) 지방지역 부동산의 완성도 - 50% 안팎의 가치(인구유출현상이 다분한 지경. 유출의 원흉은 다름 아닌 멈출 수 없는 미분양현상)

지방인구와 서울인구가 경기지역으로 대거 이동 중인데 지방인구는 투자명분이 강하고 서울인구는 실수요성향(투자겸)이 강한 것이다.

서울의 집값불안현상에 신물을 크게 느낀 자가 누구랴. 가치의 기준+성향에 변수가 발현한다. 정할 수 없다.

예) 땅 가치 수준이 20%에서 80%로 급반전, 급진보하는 경우가 있다. 강원도 평창 땅이 동계올림픽이라는 이슈거리로 인하여 평당(3.3제곱미터당) 5만 원짜리 땅이 50만 원 이상으로 변할 수 있는 것.

땅 가치 수준이 60%에서 80% 수준으로 변하는 경우도 있다.

예) 경기도 화성시 땅이 서해선 개발의 영향으로 평당(3.3제곱미터당) 300만 원에서 400만 원 이상으로 가격이 변할 수 있다.

부동산 가치의 기준 – 건폐율과 용적률(존재가치의 기준)

예) 자연녹지지역의 건폐율과 용적률은 각기 20%, 100%(일단의 존재가치를 수치로 표출. 그밖의 변수도 무시할 수 없다. 단, 개인적 개발사안에 한한다. 큰 개발을 한다면 작은 도로의 존재성은 무의미하므로. 변수란 주변동향. 크고 작은 도로 상황을 무시할 수 없다).

결국, 땅 가치의 수준에 따라 가격이 정해지는 것이다. 개인적으로 가격수준 하나로 움직일 게 아니라 가치 범위 내에서 움직여야 할 것이다. 비록 지금의 존재가치가 1%에 머물러 있다해도 포기할 필요+이유 없다. 지역이슈거리가 존속해(잠재력이 높아) 평당(3.3제곱미터당) 수 십만 원을 호가할 수도 있어서다. 가치는 변수를 적극 대변한다.

사람이든 땅이건 간에 존재가치 대비 이 땅에서 자신의 능력(활용도)을 맘껏 한껏 발휘하지 못한 채 이 세상을 떠나는 경우가 너무 많은 것 같다. 능력 범위(수준, 활용가치)는 60% 이상이나, 60% 이하에 머문 경우가 그 좋은 실례라 하겠다. 이 세상에 아들이라는 명분으로 와 그 존속가치가 10%에 머무는 자가 있는가 하면, 그 이상인 경우가 있고 이 세상에 도시지역 명분으로 와 그 존재가치(건폐율가치)를 100% 이상(활용가치를) 십분발휘한 경우가 있는 것이다.

투자가치를 끌어올릴 만한 4가지 부동산 성질

1. 다양성 – 용도의 다각화(다양화)와 가치의 극대화를 통해 미래를 견지한다. 다양한 개발이슈 또한 중요한 사안.

2. 편리성 – 실수요자 급증 요인. 실수요자인 고정 및 주거인구의 질적가치와 그 규모를 보고 가수요자인 투자자가 발현한다. 편리성은 실수요자 뿐 아니라 투자자도 끌어들일 수 있는 힘을 가진 성질이다. 갈수록 녹지공간이 넓어지며 그 활용도가 높아지고 있는 건 편리성을 단순히 다양한 지상물 구도에 집착하기보단 웰빙 활용도에 집중하는 모드라서다.

3. 활용성 – 당위성과 연관 있고 필요성의 발로이다.

4. 접근성 – 부동산에서 가장 중요한 덕목. 높은 접근성은 다양성과 편리성과 활용성을 커버할 수 있는 힘을 가진 성질이기 때문이다.

부동산전문가와 컨설턴트 임무는 막중하다. 위 4가지 성질을 견지하지 않으면 안 되기 때문이다. 가격기준과 가치기준이 동일선상에 놓여 있어야 하는데, 4가지 성질을 부동산가격 감정평가 재료로 상용, 선용되어야 할 것이다.

부동산의 다양성과 잠재성 – 부동산은 다양성과 잠재성에 예민한 재화다. 의존형 재화, 재테크 종목일 수밖에 없다. 역시 사람이 곧 부동산인 까닭이다. 사람 없이 동산화 과정을 전혀 거칠 수 없다. 여건(변화의 상황)이 무조건 다양하다고 해서 잠재력이 큰 건 아니다. 부동산의 절대적 가치 기준은 인구의 다양성이다. 다양한 건축물이 아니다. 비어 있는 새 건축물은 지역흉물이 될 가능성이 높다. 비어 있는 새 건축물은 꽉 찬 헌 건축물보다 못하다. 존재가치에 의심을 받을 수 있기 때문이다. 다양성은 존재가치 극대화의 원동력인 것이다.

다양한 지역의 사람들이 모인 곳은 어디인가. 전국을 지배하고 있는 서울특별시 아닌가. 서울특별시의 강점은 인구의 다양성이다. 무조건 인구가 많은 건 아니다. 젊은인구와 노인인구의 조화 속에서 서울의 힘이 발현하는 것이다. 서울특별시 안은 대한민국 팔도사람들이 다 모인 곳이라 수도의 가치를 의심 하는 사람은 없다. 잠재력이 무궁무진하다는 면 역시 의심 할 사람 없다. 잠재력 끝이 안 보인다. (수준 높은) 부동산 가격의 끝을 볼 수 없는 것이다. 도시지역이 100%인 이유다. 다양한 인종(민족)의 사람들이 모인 곳은 어딘가. 전 세계를 지배할 수 있는 자존심과 능력을 보유한 미합중국 아닌가. 서울과 미국의 공통점은, 여러 모드의 문화가 제대로 각기 제자리에 정착되었다는 점일 것이다. 존재가치가 질적으로 높고 존재범위도 광범위하다. 가치가 최고조로 달린다. 다양한 색깔의 인구 모형에 의해 말이다. 서울 외의 지역 사람들이 서울의 눈을 특별하게 보는 이유요 미국을 강대국으로 인정하는 국가가 많은 이유다. 그러나 이와 반대 입장에 놓인 경우도 있다. 전남 일부 중소형도시의 경우, 노인인구가 다수 차지하는 실정이다. 노인인구라는 이유가 큰 문제가 아니라, 인구가 다양하지 못하다는 게 치명적인 결점인 것. 대부분의 후진국가는 다양한 인구를 흡입할 만한 모토가 부족한 지경이다. 인구구조가 중요하다. 중국인구가 전 세계에서 가장 많지만 중국이 미국보다 못한 이유가 바로 인구의 단순화 때문이지 않을까 싶다. 양적 표면 밑에 질적가치가 문제시 된다.

전남일부지역이나 강원지역의 경우, 역시 인구의 단순화가 지역발전의 걸림돌이 되고 있지 않나 싶다. 노인인구 역시 그 기준이 애매호모한 지경이다. 예컨대, 60대 인구분포도가 높다면 80대 노인분포도보다 존재가치에 관한 차별성이 눈에 확 띌 터. 비교분석이 가능하다. 결국, 부동산의 잠재성을 관철하기 위해 인구의 다양성에 집중하지 않으면 안 될 것이다. 미국이나 서울의 힘은 바로 다양한 인구구조일 것이다. 편식은 몸에 안 좋다. 젊은이만 집중 몰려 있는 지역이나 노인인구가 집중 몰려 있는 곳이 몸에 안 좋은 이유다. 지역건강에 적신호가 켜질 것이다. 지역수명이 짧아진다. 생명력이 낮다. 노인의 노련미와 젊은사람들의 신선미가 공존하는 아름다운 공간이 소중한 가치를 간직한 부동산일 것이다. 지역균형과 더불어, 긴 생명력을 기대할 수 있을 것이다.

사람의 쓰임새와 부동산 쓰임새

사람의 쓰임새(용도와 정도)가 다양한 경우가 있다. 다방면으로 재능이 특출난 경우다. 물론, 그 반대도 있다. 부동산 역시 용도가 다양한 경우도 있지만 그 반대의 경우도 있다. 부동산의 용도, 용처가 곧 미래다. 현재 상황을 보기 위한 용도가 곧 미래일 것이다. 용도를 함부로 대할 수 없는, 무시할 수 없는 이유다. 그러나 용도가 전부는 아니다. 용도의 변수는 다양하게 분출할 수밖에 없기 때문이다. 용도는 지역, 구역, 지구로 설명, 해석, 재해석이 가능하다. 용도의 다양성을 기대할 수 있는 연유다. 이 덕에 잠재성을 적극 요구, 바랄 수 있는 것이다. '용도의 지역' 보단 '용도의 구역' 이 더 구체적이고 정밀하고 '구역' 보다 '지구' 가 더 정밀하다. 그러나 지역이건 구역이나 지구이건 간에 도시관리계획에 의한 정비, 개발한다는 취지에선 공통적으로 동일하다. 용도엔 부차적으로 추가하는 명분이 있는데 다름 아닌, 진흥과 제한, 촉진 등이다. '진흥' 의 의미는 '제한' 의 의미와 대비된다.

예) 개발촉진지구와 개발진흥지구, 개발제한구역, 농업진흥구역과 개발진흥지구.

개발진흥지구의 의미는 개발의 극대화를, 농업진흥구역의 의미는 농업의 극대화를 바라는 입장인 것이다.

농업진흥지역(農業振興地域) - 농지를 효율적으로 이용+보전하기 위해 우량농지로 지정된 지역으로 지난 1992년 12월부터 시행하였다. 농업진흥지역은 또 다시 두 가지로 나뉜다. 농업진흥구역과 농업보호구역이 바로 그것. 진흥지역으로 지정되면 국가 및 지방자치단체로부터 농업의 발전을 위한 사업에 우선적으로 투자를 받을 수 있다. 진흥지역 안의 공장증설은 1만 2000제곱미터 미만까지 부분적으로 허용이 가능하다.

개발진흥지구는 주거기능, 상업기능, 공업기능, 유통물류기능, 관광기능, 휴양기능 등을 적극적으로 집중적으로 개발+정비할 필요가 있을 때 지정할 수 있는 용도지구 중 하나다. 개발진흥지구 내에서는 지구단위계획 또는 관계 법률에 의한 개발계획에 위반하면 건축물을 건축할 수 없다. 지구단위계획 또는 개발계획이 수립되기 전에는 개발진흥지구의 계획적 개발에 위배되지 않는 범위 내에서 도시계획조례가 정하는 건축물을 건축할 수 있다.

개발촉진지역 - 특정 지역의 자원을 종합적으로 이용, 개발, 보전하며, 산업입지와 생활환경의 적정화를 기하기 위한 지역.

개발촉진지구 - 개발수준이 타 지역 대비 현저히 낮은 지역의 개발을 촉진하기 위해 지정, 고시하는 지구.

요는, 용도지역 등은 그 자체보단 그 하드웨어, 몸체를 움직일 만한 힘이 긴요한 것. 길이 필요하다는 것이다. 길 역시 죽은 길과 그 반대 길이 상존한다. 사람에 의해 길이 움직이는 것이다. 접근성, 거리의 중요성을 재차 강조한다.

접근성을 직접적으로 대변할 수 있는 요소 – 대도시나 지역랜드마크와의 거리, 그와 관련된 도로들. 이를 테면 대중교통상황(전철이나 고속도로, 국도 등 큰 힘을 보유한 도로가 국토의 대동맥과 연계되어 가치를 높일 수 있다).

경기도 평택이나 화성, 수원 등이 접근성이 높은 이유는 각종 도로의 힘 때문이다. 평택의 경우, 기존 전철1호선(SRT가 지나는 지제역 등 5개 역이 관통 중이다)이 움직이고 서해안복선전철의 안중역이 오는 2020년 그 힘을 보탠다. 서울과의 접근성이 날로 가일층 높아질 수 있는 강한 원동력, 재료인 것. 전철의 힘과 더불어, 도로 힘도 높아질 것이다.

　실례) 평택～서평택간 고속도로(사업중)

　　평택～부여～익산(계획중)

　　평택～시흥(완료상태)

　　경부고속선(계획중)

　　포승～평택선(계획중)

각종 도로의 힘이 곧 사람(인구)의 힘이다. 이 뿐 아니다. 다양한 인구분포도는, 각종 건축물과 구조물(건물 이외의 것), 공작물, 부속물 등이 입성할 가능성을 높인다. 인구가 증가하면 각종 지상물도 증가하기 마련이다. 대의명분이 강한 것이다. 부동산은 사람이다. 사람이 곧 부동산일 수 있다. 부동산 주인의 힘이 대단하다. 이해관계자들 힘도 대단하지만 말이다. 부동산은 주인이 반드시 있기 마련이다. 부동산의 미래가 곧 부동산 주인의 미래다. 등기 없는 부동산은 없다. 주민등록증 없는 대한민국 국민 없듯 말이다. 공시법의 힘이자 공시법에 관한 필요성이 큰 이유다. 1차적으로 주인들 머리와 행동으로 역동하고, 그 나머지 부차적으로 이해관계자와 투자예정자들 머리에 의해 미동 내지 역동할 수 있는 것이리라. 그만큼 사람 없는 부동산은 유명무실, 무의미한 것이다. 접근성과 거리, 인구(사람), 용도 등은 서로 연관 있다. 운명이다. 외면할 길 없다. 외면할 수 없다. 눈가리고 야옹할 수 없다. 작은 손으로 큰 하늘을 가릴 방도가 없다. 그러나 역시 가장 중요한 건 '위치' 다. 처지다. 입지다. 입지는 자연환경이므로. 사람에게만 흙수저, 금수저 있는 건 아니다. 자연에도, 부동산에도 있다. 입지(출생성분)를 무시할 수 없는 이유다.

부동산 매수 시 알아볼 사안

1. 실수요 가치와 투자 가치의 특징

실수요가치 – 존재가치가 그를 대변하며 기술적 가치(무난한 건축행위)와 예술적 가치(건축양식)로 분류한다.

투자가치 – 인적가치. 인구증가세에 예민하기 때문이다.

실수요가치는 물적가치다. 집 인근에 인구가 많다고 해서 삶의 질이 높다 볼 수 없으나, 땅 인근의 상황은 다르다. 인구의 다양화로 말미암아 내 땅 가치가 가격으로 승화되는 법이니까.

2. 맹지가 개발 대상이 되는 경우가 있다. 절대농지(농업진흥구역)가 개발 대상이 되는 경우가 있다. 개발제한구역이 개발 대상이 되는 경우도 있다. 개발 주체가 이를 선택하는 이유 중 하나가 헐값에 매수하여 개발이 가능해서 일 수도 있으나, 개발 위치가 탁월하여 인구흡수력이 빼어나다는 판단을 할 수도 있는 것이다. 규제 대상의 땅을 선점, 선정하는 건 최초의 토지매입가격이 저렴하다는 이유보단 개발의 접근도가 높아서 일 수도 있는 것이다. 무조건 싸다고 좋은 건 아니다. 가격보다 가치가 우선 아니랴. 위치가 곧 가치를 대변하는 것이다. 적극적으로 말이다.

3. 규제의 종류

1) 토지 이용량, 토지 활동량이 높아도 규제 대상

2) 전혀 움직일 기세가 없어도 규제 대상이 된다. 즉 동산화 과정을 겪고 있는 토지도 규제 온상이요 복지부동의 부동산으로 잔존하는 경우도 규제 온상일 수 있다는 말이다.

전자는 단기성 규제이지만 후자는 장기성 규제다. 후자는 실수요가 치를 기대하는 입장이라 실수요공간으로 잔존할 뿐이리라. 투자가치 는 거반 0이다. 아무리 실수요가치를 보고 투자가치를 따진다지만 인 구 이동현상이 없는 상태에선 실수요가치를 저울질 할 입장은 아니다.

4. **사람**(인구)**이 곧 미래다.** 물적재산(예-지상물구조)이 아닌 인구구조가 곧 미래. 인력(人力)이 곧 잠재력이다. 인력(人力)의 인력(引力)이 곧 잠재 력 아닐까 싶다. 규제의 종류처럼 인구 움직임이 중요한 것이다. 즉 노 인인구보단 젊은인구가 더 중요한 것이다. 인력(人力)이란 인간의 노동 력, 사람의 힘 혹은 사람의 능력 아닌가. 개발의 주종관계(개발을 위한 자 와 개발의 수혜자)가 제대로 성립, 정립되었을 때 비로소 사람 살기 편한, 좋은 공간(지역)이 도출되는 것이다. 좋은 부동산으로 탄생하는 것이다. 생지(원형지, 농지 및 임야)가 주거 및 상업지 등으로 환골탈태 하는 것이 다.

집값 만드는 사람과 땅값 만드는 사람

집값 만드는 사람 – 집의 특성은 비개별적이다. 평당가 기준이 존속 하는 상황이다.

땅값 만드는 사람 – 땅은 주관적, 개별적이다. 가격의 종류가 다양할 수밖에 없다. 단돈 몇 천원에서 수천 만원을 호가하는 땅도 존재하는 게 현실이다. 미완성물이기 때문에 가능한 일이다. 그러나 집은 완성물+지상물을 대표하는 부동산이므로 가격종류가 단순하다. 가격선이 존재한다.

싼 땅의 특징 – 대부분 평수가 넓다. 희소성이 낮다. 현장감이 떨어진다.

비싼 땅의 특징 – 평수가 대체로 크지 않다. 희소성이 높은 편이다. 인근의 지목 상황은 대지가 대부분일 수 있으며 지목이 다양할 수도 있다. 예를 들어 대지 주변으로 공장용지나 창고용지, 주차장 등으로 분포되어 있다. 현장감이 살아숨쉰다.

집값 떨어지는 지역보다 오르는 지역에 사람들이 몰리는 이유 – 여전히 집, 특히 아파트와 같은 집합건물을 투자대상물로 여기는 오류를 반복적으로 습관적으로 범해서다. 문제는, 집값 상승요인이 잘못 되었다는 점이다. 단순히 유동 및 이동인구인 가수요 세력과 대규모 주거시설 입성 상황 하나로 그 의미를 애써 찾는 것이다. 고정 및 주거인구의 증가에 집중할 필요 있다. 만약, 집값 하락지역에 갑자기 인구가 증가한다면 그들은 실수요 명분으로 움직이는 자일 터. 덕분에 향후, (인구증가세에) 투자가치도 노려 볼 수 있을 것이다. 왜냐, 최소액으로 이미 입성한 상황 아닌가. 그러나 이 경우는 대운을 바라는 지경이다. 요는, 집 가치는 가격과 거의 무관할 수 있다는 점이다. 설령, 최소액으로 들어간 자들이 많다 해도 가격의 일시적 오름세일 것이다. 즉 거품증상에 불과할 것이다.

집값 떨어지는 곳엔 사람이 몰릴 수 있지만 (내 집 마련 위한 실수요 서민) 땅값 떨어지는 곳엔 사람 몰리기 쉽지 않다. 최소비용으로 최대의 효력을 바라는 게 경제논리이겠으나, 땅은 개발이슈나 특별한 성질이 전무하다면 경제이론 따위는 무용지물이다. 땅은 외부세력에 의해 변화를 추구, 시도하니까. 땅 자체가 땅값 변화의 강한 무기가 될 수는 없다. 직간접적인 주변의 원조와 변수를 필요로 하는 재목이 땅인 것이다. 땅 잠재력의 발화지점이 바로 주변의 여러 목소리와 변화 물결인 것이다.

집값과 땅값의 차이 - 집은 실수요자가 더 많다. 땅은 가수요자가 더 많다. 왜 그럴까. 역시 집은 완성물이지만 땅은 미완성물이므로. 땅 사는 사람 대부분은 시세차익을 바라는 소액투자자 일색이다. 색이 같다. 개발의 임무를 띠고 접근 하는 사람은 드물다는 것이다. 땅 매입비용과 개발비용이 함께 필요하므로. 일반인이나 서민 입장에선 개발 명분으로 땅 매수할 수는 없다. 총 소요비용이 만만치 않아서다. 일반인이 실수요 명분으로 들어가는 경우는 제한 되어 있다. 집 건축이 전부일 테니까. 예를 들어 귀농 및 귀촌생활을 위한 명분 쌓기에 급급한 것. 빚 얻어 땅 건설하는 경우는 개인으로서는 큰 부담이 된다. 땅 속성은 외부압력에 지배 받는 구조이기 때문이다. 결국, 집값 형성에 따라 땅값도 변할 수 있지만 집 이외의 각양각색의 시설물, 구조물, 공작물 따위에도 땅값은 변할 수 있다는 것이다.

집값은 공인이, 땅값은 지주가 만든다. 아파트가격은 부녀회나 자치회, 지자체, 나라가 함께 조율해 조성할 수 있으나, 땅값은 땅 주인인 내가 직접 만들 수 있다.

새 가격을 만들 수 있는 가장 강한 힘

부동산 관심자가 바라볼 국토는 실수요공간과 투자공간일 것이다. 실수요공간 인근엔 항시 투자공간이 만들어진다. 역시 실수요가치가 곧 투자가치 아니랴. 가수요인구를 보고 입성하는 실수요자는 없을 것이다. '가치' 공부 하는 자가 부동산 관심자이다. 실수요가치가 곧 삶의 가치이다. 투자가치는 삶의 가치 외의 것들. 즉 희소가치와 잠재가치와 존재가치가 그에 해당할 것이다. 이 중 존재가치가 곧 실수요가치이며 희소가치와 잠재가치는 투자가치를 대변하는 입장이다. 실수요가치가 가수요자에 영향을 미치듯 세 가지 가치는 서로 도움 줄 수 있는 상관관계다. 잠재가치는 곧 희소가치 아닌가.

부동산 가격구조는 인위적 요소가 강하지만 자연적일 수 있다. 존재가치를 무시할 수 없는 연유다.

가치의 부동산 – 수요가치, 공급가치, 거래가치 등은 존재가치와 연계된다. 거래가치의 기준은, 수요가치와 공급가치의 합일점일 수 있기 때문이다. 거래 통해 가치, 가격이동현상이 발현한다. 가치는 과정의 일부지만 가격은 결과다. 가격은 가치가 주재료이다. 가격의 재료가 가치인 것이다. 가치는 객관적이다(예-개발사안). 가격은 주관적이다(예-부동산주인의 고유 권한). 가치는 객관적이고 투명하다. 종류가 단순하다. 기준이 존속한다. 가격은 주관적이다. 종류가 다양하다. 기준은 개별적이다. 수시로, 스스로 만들 수 있기 때문이다. 부동산 가치는 고수가 우선시 여기는 사안이다. 안전성을 기할 수 있으므로. 부동산 가격은 하수가 우선시 여기는 사안이다. 수익성에, 수익률 극대화에 매진, 집착할 수 있기 때문이다. 부가가치 그 이상의 가치가 존속하는 건 부동산의 생명력이 높을 때 이야기. 그 때 적용된다. 자연(대자연, 하드웨어, 무기체상태)은 존재가치다. 가격변화폭이 작을 수밖에 없다. 자연의 개발과정에서 희소가치와 잠재가치가 발현. 기대감이 점점 높아진다. 가격변화폭이 크다. 필요한 개발은 가치의 변화다. 불요불급한 개발은 가치의 변질이다. 허무맹랑한 뜬소문에 의해 가치와 별개로 가격이 폭등한다. 이 때 거품증상이 나타난다. 수요자 감소의 원흉이다. 역시 가격폭등세와 거품가격은 다른 것이다. 가격폭등세를 보고 가수요자가 집중 몰리기 때문이다. 거품인상이 짙으면 사람은 안 몰린다. 최소비용으로 최대효과를 노릴 수 있는 기회가 박탈당한다는 의식 때문이다.

접근성, 잠재성, 인구의 힘(주거 및 고정인구) 등이 부동산 가치를 대변하나, 접근성은 잠재성을 적극 대변하고 접근성의 강한 무기는 인구

힘. 접근성이 높다면 고정인구 증가속도가 빠르고 강할 것이다. 결국, 부동산가치를 적극 대변하는 건 꾸준히 전개되는 젊고 싱싱한 고정인구와 주거인구의 증가세인 것이다.

부동산의 잠재력을 직접적으로 대변할 만한 강한 모토들 – 좋은 부동산의 1순위, 첫 번째 조건은 무조건 접근성이다. '접근성'에 대한 희망이 없다면 시작조차 하지 않는 편이 낫다. 그러나 접근성의 기준과 그 범위는 크지 않다. 넓지 않다. 마치 녹지지역 대비 상업지역의 농도와 넓이가 크지 않은 양 말이다. 국토 면적 대비 접근성의 기준과 범주가 좁은 이유가 무엇이랴. 서울특별시를 기준으로 접근성을 정립하기 때문이다(즉 접근성의 기준은 인구의 다양화와 그 질적가치일 터. 접근성이 낮다면 인구감소현상이 발생한다). 우리나라에서 가장 잘 나가는 제주특별자치시도 있는 데 말이다.

답사 현장 가는 길이 길고 험난하다면 어떨까. 접근성과 현장감과 잠재성이 높지 않을 가능성이 높다. 그러나 그건 고착관념일 수도 있다. 새만금을 개발하는 세 자치단체가 투자처가 아니라고 단언, 확언할 수 없기 때문이다. 장기 투자모드가 곧 실수요모드 아닌가. 즉 휴양 및 놀이문화에 적합, 최적지라 말할 수도 있는 법. 이 공간에선 실수요가치가 곧 투자가치인 것이다. 투자자는 실수요 공간의 활용도가 높아 갈 때 적극 움직이는 것. 유동인구가 급증하고 세계적 관광명소로 그 위상이 높아진다면 실수요가치가 높아져 결국 투자가치도 보증 받을 수 있는 것이다. 접근성은 부동산의 잠재성을 대변한다. 직접적으로 대변할 수 있다. 접근성 범주가 좁지만 잠재성 넓이는 그 반대일 것이다.

불가항력은 거반 잠재력 수준. 사람의 힘과 거반 무관해서 하는 말이다. 이를 테면 부동산만의 힘, 부동산의 매력을 말하는 것이다. 예외상황이 많은 게 부동산이다. 이 역시 매력일 수 있다. 공간(투자처-개발이슈가 존재하는 곳. 계획수준이냐, 계획진행 중이냐…)이 시간(투자시점)을 만드나, 시간 역시 공간을 만들 수도 있는 법(완료시점이 반드시 100% 실수요가치를 대변하는 건 아니므로. 완료시점이 곧 제2차 개발시점이 될 수도 있다). 변수가 다양하다. 잠재성은 곧 변화(개발)의 가능성을 말한다. 강조한다. 잠재성은 개발의 필요성과 비례한다. 개발의 필요성은, 고정 및 주거인구상태에 따라 변모한다. 2, 3차 개발과정이 필요한 경우, 그곳의 잠재력은 클 것이다. 인구가 곧 개발을 부르는 격. 비어 있는 부동산은 거반 무용지물이다. 잠재력이 0을 향해 행보한다.

부동산 가치를 직접적으로 대변하는 요소

어느 한 지역의 부동산 가격이 폭등하고 있다면 분명코 거기엔 깊고 높은 이유와 뜻이 공존할 것이다. 다름 아닌, 역시 꾸준한 고정인구의 증가세일 것이다. 고정인구가 증가한다면 자연히 유동인구도 증가할 수 있기 때문이다. 희망적이다. 지역의 희망이 곧 단단한 고정인구의 증가인 것이다. 더불어 풍선효과+효력(매력)도 맛볼 수 있는 공간이 발현할 수 있는데 풍선효과는 빨대효과가 더욱더 빛 날 수 있는 근원+근저인 것이다. 즉 고정인구의 확대, 확산은 주변지역에 영향을 미쳐 고정인구의 증가현상의 파급효과는 크다. 무시할 수 없다. 발전 규모, 반전 규모 크기가 기대 이상으로 거대해질 수 있다. 예를 들어 역세권 효과가 고정인구확보, 확대로 연결된다면 역세권 범위가 당연히 확장, 확대되는 것으로 역세권 반경이 1000미터 이상으로 발전, 진보할 수 있는 것이다. 역과 역 간 거리가 길어질 수록 유리하다. 인구가 그 넓은 공간을 채울 수 있는 상황이기 때문이다. 고정인구와 유동인구의 힘이 곧 부동산의 힘이다. 각종 건물들이 종 상향이 되고 새로운 건물들이 입성한다. 큰 건물, 즉 용적률 높은 건물들이 인구 덕을 본다. 고정인구의 흡수력은 곧 탁월한 접근성에 의해서 발현하는 법이다. 높은 접근성은 높은 안전성을 대변한다. 직접적으로 말이다.

접근성은 두 가지로 대별+점철되는데 하나는 물리적 안전성이요 다른 하나는 행정적 안전성이다. 두 가지 성질이 크다면 한 지역의 현장감은 매우 높을 것이다. 더불어 잠재력도 커질 것이다. 매수자가 접근성을 최우선적으로 여기는 이유는 안전성 보장 때문인 것이다. 리스크 크기를 팍 줄이기 위한 적극적인 노력인 것. 요는, 접근성은 물리적 안전성 및 행정적 안전성을 대변하는 것인데, 전자의 경우는 교통사고

다발지역이라는 새로운 명제가 발현 할 수 있고, 후자는 이슈거리(개발과 그 이유)의 다양성 확보, 확증에 집중할 필요 있다.

부동산의 활용가치와 재활용가치

지금은 부동산의 활용가치 뿐아니라 부동산의 재활용 가치도 견지할 필요 있다. 난개발 시대이기 때문이다. 공급과잉현상이 일어나고 있어 개발의 필요성이 사회 및 국가적으로 화두 아닌가. 공실률이 높아지고 미분양률이 높아지는 판국에선 재개발 모드인 '재활용(재차활용)'에 집중할 필요 있다. 왜? 기존의 인구확보가 개발진행을 유리한 쪽으로 유도할 수 있기 때문이다. 인구유입형태를 보고 개발을 진행할 수 있다고 본다. 가수요자만 폭증한다면 문제다. 그러나 젊은 고정인구가 눈독 들인다면 한 지역의 재활용도가 높아질 수 있다.

부동산의 활용가치 - 큰 개발과 작은 개발로 압축된다. 전자는 개발계획과 조감도에 연연할 수 있지만, 후자는 지적도나 임야도에 의지하는 상태.

부동산의 재활용가치 - 재개발 형태를 유지, 지속한다.

1차적 활용가치 - 용적률에 지배를 받는다. 존재가치와 상관 있다.

2차적 활용가치 - 접근성에 의존하는 상황이다. 잠재가치와 상관 있다. 그러나 존재가치가 전적으로 잠재가치를 대변하는 건 아니다.

부동산은 상황과 형편에 따라 언제든지 재활용이 가능한 재화다. 의식주 중 식을 제외한 옷과 더불어 재활용 구도를 그릴 수 있는 여건이 조성될 수 있는 종목이 바로 부동산인 것이다. 이를 테면, 동네방네 의류 재활용상자가 존속 중이다. 동네방네 재개발 및 재건축 현상이 발현하는 지경. 유행에 민감한 게 바로 옷과 부동산이다. 키워드에 따라 모델이 바뀐다. 변혁이 일어난다. 여하튼, 부동산은 재활용이 가능한 장르다. 이를 테면 재건축과 재개발과정 중 용도가 바뀌는 통에 부동산 크기가 커진다. 키가 커진다. 높이가 달라진다. 주변 크기와 공간이 넓어진다. 용적률이 존속해서요 상황에 따라 접근성을 발현할 수 있기 때문이리라. 접근성이 낮은 곳에 고정인구가 갑자기 급증한다면 접근성 높은 지역으로 명성이 높아질 것이다. 지역반전효과를 기대할 법하다. 한편으로는 재개발이 신개발지경(신도시개발형태)보다 더 유리할 수도 있다. 현장감이 접근성을 절대적으로 보증, 대변할 수는 없지만, 재개발지역의 접근성은 어느 수위 감지 가능하지 않는가. 부동산의 활용가치가 존재가치는 아닐 터. 존재성은 잠재성과 다른 의미이므로. 잠재성은 활용도와 관련 있다. 활용도가 높다면 잠재력은 강해질 수밖에 없다.

실수요자와 투자자가 바라보는 부동산 가치 – 부동산은 가격보다 가치가 더 소중하다. 마치 잠재가치와 희소가치(미래상황), 존재가치(현재의 현황) 중 희소가치가 가장 중요한 양 말이다. 거품가격이라는 말은 무성하지만 '거품가치'라는 말은 절대 존재할 수 없다. 가격과 가치의 차이이다. 구체적으로 접근한다면, 예술적 가치(가치 기준은 개별적)와 기술적 가치(물리력, 물리적 안전성), 그리고 행정적 가치(경제성)로 점철된다. 예술적 가치와 기술적 가치는 실수요가치와 연관 있다. 완성물, 지상물, 건축물의 의미를 지녀서다. 행정적 가치는 투자가치를 대변하는 입장이다. (실수요 명분의 인허가 과정도 있지만) 행정적 가치를 좀 더 정밀하게 접근한다면 큰 개발과 작은 개발로 대별된다. 전자는 국가적인 큰 사안이지만 후자는 개별적인 개발에 속한다. 국가가 개발하는 건 개발청사진과 조감도 등 큰 그림(미래를 대변하는 무기)과 큰 지도(현재)에 영향을 받지만 작은 개발은 토지이용과 관련 있다. 건축행동과 행위와 관계 있다. 예술적 가치와 기술적 가치에 지배를 받는다. 물론, 큰 개발도 영향을 받는 상황이지만 말이다. 문제는 예술적 가치엔 가격 기준이 없다는 것이다. 부동산에 예술을 예속시키려 든다면 해결점 찾기 힘들 것이다. 왜냐, 가격거품이 주입될 수 있기 때문이다. 예술을 돈으로 살 수는 없겠지만 말이다. 건축양식의 차별화 통해 가격 차별화를 꾀한다면 자칫 거품가격 원흉에 제대로 걸려들 수도 있는 것이다.

결국, 실수요가치가 곧 투자가치의 과정이라 할 수 있지만 예술적 가치를 극대화 하려는(개별성이 높다) 소모전은 지양해야 할 줄 안다.

부동산을 동산화 할 수 있는 성질

현실적으로, 아니 물리적 조건에선 늙은 땅은 존재할 수 없다. 낡은 땅 역시 존재할 수 없다. 땅은 미완성물에 지나지 않아서 하는 말. 그러나 늙은 집은 존재, 존속할 수 있다. 낡은 집 역시 존재한다. 지상물의 성질을 간직할 수 있기 때문이다. 건축부위와 토지부위로 나뉜다. 구분한다. 토지가 곧 대지의 지분 역할을 수행, 순행하는 입장. 토지가 전무한 건축물은 없다. 무허가 건축물 역시 물리적으로 토지가 건축물의 일부분, 재료가 될 것이다.

땅은 세월이 곧 약. 약효가 기대 이상이다. 장고 끝에 호수 둘 만한 여건이 조성된다. 주변변수에 민감한 반응을 보여서 하는 말이다. 가격 역시 땅엔 늙은 가격이 존재할 수 없다. 해당하지 않는다. 낡은 가격도 마찬가지 입장이다. 땅은 늘 바닥시세이지 않는가. 개발지역의 공간은 예외이지만 개발지역은 많지 않은 지경이다. 비싼 땅 대비 싼 땅이 훨씬 많은 연유다. 땅값은 자유분방한 편이다. 역시 개발공시지가와 시가의 큰 시차, 편차 때문이다. 값을 지정할 때 지목이나 용도 영향도 크나, 주변변화 속에 새로운 가격이 분출하는 게 땅 구조다. 지목과 용도 중 용도 속에서 큰 영향력을 행사한다. 지목과 용도는 그 활용도 면에서 현격한 차이점을 보여서다. 지목보단 용도에 지대한 관심을 갖는 이유다.

부동산은 특, 상, 중, 하 중 하품에 해당하는 부동산에 투자하는 사람도 있는 게 현실이다. 싼 맛에 움직인다. 무의미하다. 100% 요행, 대운을 바라는 스타일이라서다. 부동산을 움직이는, 동산화 과정을 거치는 세 가지 세력은 사람이다.

1. **사람**(상, 특A)

2. **사람**(중)

3. **사람**(하)

첫째도 둘째도 셋째도 사람인 것. 처음도 사람이요 끝도 사람이다. 그 색깔만(하드웨어) 다를 뿐 성격(소프트웨어)은 거반 매일반이다. 부동산은 사람 역할에 의해 동산화된다. 개발하는 자와 개발 통해 이익보는 입장에 놓은 자로 분류한다. 후자가 바로 인구의 뒷받침이 긴요한 지경인 것이리라. 수혜, 수용인구다. 수요인구다.

부동산의 양적가치의 변화 – 작은 부동산이 대세인 까닭은 공급과잉과 난개발에 의해 발현한 것이겠지만, 무엇보다 부동산의 질적가치가 양적가치를 크게 압도한 상황이 계속 전개될 것이라는 전망 때문일 것이다. 실용적이고 미래지향적이지 않은 부동산은 지역애물로 잔존할 것이다. 그렇지만 반드시 양적가치를 무시할 건 아니다. 양적가치가 부동산의 다양성을 대변할 수 있으므로. 다양성은 잠재성으로 연결될 수도 있다. 거래량과 건축량(인허가의 양), 차량이동량과 인구이동량(차량은 버스, 승용차 등을 말하지만 인구는 이동 및 고정인구 등을 말한다. 가수요자나 실수요자에 따라 가치가 달라진다), 위정자의 공약 양(예-개발계획의 다양성, 빈도) 등으로 부동산의 미래가치를 견지, 감지할 수 있다고 본다. 물론, 변수 등 예외상황이 발현할 수 있으므로 주의할 점을 바로 보지 않으면 안 된다. 변수의 다양성은 한 지역의 잠재성과 더불어, 국토의 큰 변수로 작용할 수 있다. 왜냐, 부동산의 특징 중 하나인 연계성을 무시할 수 없기 때문이다. 예컨대 A라는 부동산의 질적, 양적가치가 변한다면 옆의 B부동산 역시 변하는 건 당연지사. 영향력 받기에 십상이다. 물론, 라이벌의식이 강하지 않으면 안 된다. 용도지역이나 건축물의 크기 면에서 큰 차이점이 나타난다면 옆의 부동산은 외려 악영향을 미칠 수 있다. 그러나 어지간해선 악영향을 받지 않는다. 부동산은 인접성이 강하기 때문이다. 도로의 의미가 무엇이랴. 도로(道路)는 단순히 길의 의미가 아니다. 길과 길을 연결하는 부동산의 일부분이 바로 길이기 때문이다. 길 도(道)와 길 로(路)가 함께 있지 않으랴. 지목변경을 해도 옆 지주에게 영향을 미친다. 산지 및 농지전용과정을 거치기 마련. 새로운 인구가 생기고 새 길이 생긴다면 당연히 옆 지주에겐 정신적으로 적잖은 영향을 미칠 수밖에 없는 것이다.

절대농지(농업진흥구역)가 해제되는 경우 역시 마찬가지 입장이다. 절대농지인 내 땅이 당장 안 풀렸다고 해도 옆 지주의 절대농지가 해제되었다면 큰 변수가 작용할 수도 있는 것이다. 물론, 기대감의 증폭에 불과하나, 미래를 (잠재력) 포기할 건 아니다. 절대농지의 해제는 두 가지 이유로 점철된다. 지역주민의 재산권 확보, 재산권 행사를 위함(작은 개발)과 개발을 위한 해제과정을 거치는 것(대형개발과정). 절대농지 위치가 중요한 것이다. 부동산의 생명이 길이라지만, 입지상황이 시원치 않은 길은 미래가 없다. 용도, 지목, 길 등의 하드웨어상황만 볼 게 아니라, 그 신분의 위치에 기대감을 갖을 필요 있다. 결국, 부동산의 소프트웨어상태는 '위치' 인 것이다. 위치는 단순히 하드웨어가 아니다. 만약 그런 경우가 있다면, 그 위치가 형편 없는 상태인 것이다.

자동차 승차감과 부동산 현장감의 차이 - 좋은 자동차의 기준은 탁월한 승차감이다. 빼어난 현장감이 좋은 부동산을 만들 수 있는 조건인 것과 맥을 같이하는 것이다. 공산품을 대표하는 자동차는 도로를 필요로 한다. 도로가 자동차 역할을 수행할 만한 모토, 재료다. 부동산 역시 도로 없이는 움직일 기력이, 여력이 없다. 부동산은 반드시 도로를 필요로 한다. 사람의 심장과 같은 게 부동산의 도로다. 잠시동안이라고 심장이, 길이 없다면 사람구실, 부동산 구실을 제대로 할 수 없기 때문이다. 부동산의 접근도는 자동차의 활약상인 활동량에 전적으로 지배 받는다. 접근성이 뒤떨어진 곳엔 차량이동량이 적어서다. 놀고 있는 도로가 놀고 있는 땅 버금간다. 사람과 사람을 연결하는 모토가 대화라면, 땅과 땅을 연결하는 모토가 도로인 것이다. 소통의 수단이다. 사람으로 치면 도로가 곧 대화인 것. 교통이다. 흐름세다. 흘러간다. 자동차가 많다면 현장감 높은 곳으로 인정 받을 것이다. 그럴 확률이 높다. 차량이 다양하다면 현장감이 높을 수 있다. 마치 한 지역의 땅의 지목이 다양하다면 그 역시 현장감이 높은 양 말이다. 현장감 높은 곳엔 접근성이 높을 확률 또한 높다. 인구색깔과 무관하게 사람이 몰린다는 건 다양한 현장의 변화 아니랴. 지상물 등 건축물이 다양하다고 현장감이 높다고 말할 수는 없다. 비어 있는 부동산은 유령 부동산을 대변한다.

오래된 자동차의 특징은 승차감이 높지 않다는 것이요 오래된 부동산의 특징은 현장감이 높다는 것. 왜? 인구의 움직임이 만만치 않아서다.

대한민국 땅엔, 특히 수도권지역엔 주차장이 부족하다. 주차전쟁을 교통전쟁과 더불어 매일한다. 아파트 층간소음문제와 더불어 주차전쟁 역시 국가적으로 큰 문제가 아닐 수 없다. 고정인구 대비 자동차가 너무 많다. 1가구 당 자동차 보유율이 높아서다. 집 없어도 차는 있다. 차제에 자동차 구입자격조건을 까다롭게 만들 수도 있는 지경. 자동차 구입 자격조건 중 하나. 차고(주거시설의 부속물) 확보가 안 된 상태에선 차량구입을 불가능하게 만드는 것처럼 땅 구입 자격조건 역시 개발 가능자만 매입할 수 있는 규칙을 만들어놓는다면 어떨까. 부작용이 생길 게 분명하다. 그러나 땅은 비현실적인 규범 속에 존속하는 게 사실. 개발자금과 개발능력이 없는 자는 구입이 불가능한 게 현실이다. 농지법 존속이 그 좋은 실례. 비현실적인 세금체계와 더불어, 비현실적인 토지제도와 정책이 문제다. 땅 투기꾼의 기준은 애매모호하다. 논 1마지기(200평)와 밭 1마지기(300평) 사기 버겁다. 서민 입장에서 말이다. 농지법에 저촉될 수 있어서다. (토지활용하지 않으면) 부재지주는 불법으로 간주하는 입장. 토지거래허가구역의 의미 또한 무의미하다. 현실성이 현저히 낮아서다. 땅을 활용 명목으로 매수하라는 것이다. 이는 마치 단독주택에 차고가 있는 이에게만 차 구입을 허용하는 경우와 별반 다르지 않아 부작용이 크다.

좋은 차의 조건은 승차감이 좋아야 하나, 좋은 부동산의 조건은 무조건 현장감 하나만 좋아선 안 된다. 현장감보단 접근성이 더 중요하기 때문인데 접근성은 탁월한 현장감을 만드는 강력한 무기인 것이다. 자동차 구입하듯 부동산을 구입해선 안 되는 연유다. 자동차 구입자세는 마치 집 구입자세와 같은 것. 편익성을 보고 구매하는 것이므로. 잠재성을 보고 구입하는 땅과는 구별되는 대목이다.

투자자 되기 위한 노력의 과정

노력과 열정 없는 투자 과정은 없다. 존재할 수 없다. 만약 존재한다면 그건 십중팔구 실패의 연속일 것이다. 실패의 과정을 밟을 게 뻔하다. 투자자 되기 위한 노력 중 다음의 사안(경우의 수)을 관철할 필요 있다고 본다.

1. **싼 땅의 의미** - 가을에 접어들면 모기약을 3개 6,000원에 파는 약국을 심심치 않게 볼 수 있다. 사용가치가 낮기 때문에 정가의 3분의1 수준의 가격에 판매하는 것이다. 소비자는 장기간 보관, 보유하여 내년 여름에 요긴하게 사용할 수 있어 그 때 사용가치가 높아질 것이다. 즉 수요자는 잘 보관해야 하는 사명을 띤 것. 만약 그 모기약(기능)을 분실, 상실한다면 매입가 이미지는 무의미하게 사라지고 만다. 보관 잘 해야 하는 이유다. 하나, 보관비는 없다. 땅 역시 사용, 활용가치 낮은 건 싼 땅으로 여긴다. 인정한다. 매수자는 장기간 묻어두어야 하는 사명을 띠고 있다. 모기약과 달리 보관비(토지재산세)를 내야한다. 보관 중엔 크고 작은 장단기 규제의 굴레에 예민하지 않으면 안 된다. 규제의 이중성은 지주 입장에선 부담감이 클 수 있어서다. 당장의 필요성이 중요한 것이다. 당장의 필요성이 높다면 가격은 비쌀 수밖에 없다. 비싼 땅과 싼 땅은 시간과의 싸움이다. 환금성과의 전쟁인 것이다. 사용가치, 활용가치, 희소가치와 한바탕 싸워야 한다. 반드시 거칠 수밖에 없는 (숙명적인) 여정인 것이다. 크게 활용하냐, 작게 활용하냐가 관건이다. 역시 개별적인 개발(작은 개발-전용과정) 통해 환금화 과정을 밟는 경우와 국가적인 큰 개발(용도지역변환과정)에 의지하여 빠른 환금성을 고대하는 경우가 있다. 아무래도 전자의 경우가 환금성이 빠를 수 있을 것이다. 대신 수익률 면에선 후자를 따라 갈 수 없는 지경. 일장일

단이 있다. 자신의 입장(입맛)에 맞는 방도를 취하는 게 순리일 법하다.

2. **실패하는 방도를 알아야 성공한다.** 실패의 길과 성공의 길을 구분할 필요 있다. 성공하려면 지역감정과 같은 쓸데 없는 고착관념, 소모전 따위에서 벗어날 수 있어야 한다. 지역감정으로 성공 못하는 경우도 많다. 호남출신자라고 해서 무조건 싫어하면 성공률이 낮아질 수도 있다. 호남출신 중 자수성가한 사람이 비교적 많은 편이라서 하는 말이다. 생활력이 강하고 이재에 밝은 사람이 많은 게 사실. 머리도 잘 돌아가고 예술적 감각도 뛰어난 편이다. 전자는 지능지수요 후자는 예능지수를 말한다. 부동산의 가치가 낮은 곳이 전남일대 중소도시일 수 있지만 사람 가치가 낮은 건 아니다. 호남출신의 부동산 부자도 많은 편이다. 지역감정 해소가 곧 투자자 길에 쉽게 접할 수 있는 방도가 될 수 있다.

3. **한 지역의 명물 중 음식이 차지하는 비중이 높다.** 넓고 깊다. 길다. 지역 유명음식은 반드시 존속한다(예-전주비빔밥). 진보시킬 필요 있다. 진일보, 알릴 필요 있다. 그러나 부동산이나 옷의 경우 미존속. 지역 유명 부동산이나 지역 유명 옷은 없는 것 같다. 생명력이 낮고 수명이 짧아서 하는 말이다. 의식주 중 식문화가 부동산(住)보다 더 중요한 것이다. 역시 노숙자도 밥을 먹어야 하기 때문이다. 부동산의 용도지역이 지역명물의 절대적 기준이, 가치가 될 수는 없다. 서울은 전 지역이

도시지역이므로. 괜찮다 싶은 지역의 조건은, 의식주 편중 없이 조화가 잘 이루어지고 있는 것이다. 서로 간의 조율이 절대적으로 필요한 것이다. 편중도가 높다면 인구 역시 한쪽으로 치우치기 마련이다. 패션의 거리로 명망이 높은 지역이라면 젊음의 거리가 지역 이슈거리가 될 것이다. 젊은인구가 소비인구, 새로운 소비문화를 창궐하기에 부족함이 없다. 식문화와 부동산문화 역시 인구색깔을 조율할 수 있는 대목이다.

쌀이 남아도는 세상이다. 절대농지 활용도에 문제점이 노출되었기 때문이다. 사람 활용도는 높아지는데 땅 활용도는 그 반대다. 절대농지 완화 통해 쌀 문화를 제대로 지역명물로 정착시키려 노력 중이다. 지역명물이 지역맹물 될 까 두려운 가운데 말이다. 절대농지 활용가치가 넓어지고 희소가치 높은 절대농지 통해 부를 축적하는 길이 활짝 열릴 수도 있다. 물론, 규칙에 어긋나는 일은 절대로 해선 안 된다. 반칙하면 투자가치 떨어질 염려가 커서다.

땅과 집의 차이점은 다양하다.
그 중 특별한 경우의 수가 있다.
헌 집은 존재하나, 헌 땅이라는 말은
통용될 수 없다는 것이다.
역시 미완의 부동산이 땅이기 때문이다.
완성물이 되고 나서 가격이 뛴다.
기대감 면에서 집 대비 땅이 크다.

땅 투자자에겐 자격요건이 있다. 필요한 덕목이 있다.
우선, 기다리는 지혜가 필요하다.
무작정 기다리며 기대감 갖는 건 너무 수동적인 자세다.
전적으로 미래를 대운에 맡기는 행동은 비겁하다.
투자기간 동안 되팔 수 있는 적정수준의 가격을 조성할 필요 있다.

99

Chapter 04

땅투자 자격조건,
땅 투자자는 부동산 고수다

땅투자 자격조건,
땅 투자자는 부동산 고수다

투자 이후 땅 주인이 할 일은 내 땅의 장점들을 모색하는 과정을 계속 갖는 것이다.
되팔 때까지 계속 진행한다. 땅은 두 종류로 대별되는 데 식물부동산과 동산화의 무대가
제공된, 마련된 부동산으로 말이다. 땅 거래 이후 물건에 무관심 하면 안 된다.

땅투자의 성공 무기

땅 투자과정 중엔 여러 유형의 변수와 마주한다. 어쩔 수 없이 얼굴
을 본다. 표면과 이면을 본다. 땅투자에 부합할 만한 성공 요건(여건)은
하나일 수 없다. 그렇다고 무한정 많을 수도 없는 지경이다. 얼굴 하나
잘 생겼다고 해서 성공하는 경우는 극히 드물 것이다. 땅의 얼굴 하나
가 큰 무기일 수 없는 양 말이다. 땅투자의 성공 무기를 대략 10가지
정도로 나누어 볼 수 있겠으나 10가지 모두를 충족할 만한 경우의 수
는 그다지 많지 않을 것이다.

1. **개발자료들**(조감도나 계획도) – 계획은 곧 미래다. 현재가 아니다. 현재
를 계획하는 사람은 없기 때문이다. 계획이 희망인 까닭이다.

2. **개발의 적정성** - 개발의 필요성이 100%인 경우의 수 역시 존재할 수 없으나 100%에 근접한 경우를 견지할 필요는 있다. (최초의) 계획을 수정 계획하는 과정은, 기획 과정이다. 기획이 곧 컨설팅인 까닭이다. 중개행위 자체에서 찾을 수 없는 변수가 곧 컨설팅 과정인 것이다.

3. **인구 성적표**(인구동향과 그 지표) - 노동인구인 경제 및 생산활동인구는 한 지역의 공간을 발전시킬 수 있는 원동력인 것.

4. (적절한+적정한 수준의) **언론보도 참고** - 다 그런 건 아니나, 기획 기사 중 허위 기사에 근접한 경우도 있을 수 있다. 개발의 타당성이 낮은 수를 억지로 끌어올려 만든다. 기사작성과정 중에 침소봉대한다.

5. **과욕 금지.** 잠재력과 더불어 또 하나의 힘이 필요한데 다름 아닌 그것은 바로 자제력이다. 돈 버는 기술 못지않은 돈 관리 기술도 대단한 능력이다. 방심과 교만은 위험한 맘이다.

6. **다양한 공간과 낮은 공실률을 장기간 유지한다.** 주거 및 상업, 녹지, 공업공간의 분포도를 유지하지 않으면 안 된다.

7. **꾸준한 고정 및 주거인구의 증가.** 땅값을 꾸준히 상승시킬 만한 큰 동력이다.

8. **교통 흐름도의 원활한 소통.** 가령, 역세권 및 그와 직접 연계될 만한 각종 대중교통망. 도로의 다양성은 부동산의 중요한 성질이다. 도로는 미래다. 도로 상태는 하드웨어상태인 현재이지만 도로 사용량과 활용도 통해 도로의 미래를 읽을 수 있다. 도로를 통해 한 지역의 미래

성을 관철, 좌우할 수 있다.

9. 난개발과 하우스푸어 없는 (정신적으로나) 물리적, 환경적으로 청정지대이어야 한다. 자연환경(입지)을 십분활용하는 게 지역 목표인 것이다. 여느 땅이건 용적률 없는 경우는 없을 테니까.

10. 대운 - 운(행운)은 복 중 하나. 운은 운명의 단축키. 전반적으로 부동산 투자 성공률이 높다고 볼 수는 없다. 노력과 실력이 곧 능력이다. 능력 없는 자는 성공자가 될 수 없다. 대운도 무시할 수 없는 것이다. 복 많은 자가 부자 반열에 쉽게 오를 수 있다고 본다. '복(오복)' 역시 인생을 살아가는 강한 무기일 법하다. 중요한 점은, 역시 강한 긍정은 복으로 연계되나, 강한 부정은 복과 무관하다는 점이다. 마치 물과 기름인 양 강한 부정은 복과 절대 상관 없다고 본다. 오복(五福) 중 수(壽)와 부(富)를 우선시 하지 않으면 안 될 것이다. 장수시대 돈 없으면 미래가 없다. 부동산과 사람의 차이점은 분명 존재한다. 사람은 세월이 지나면 존재가치가 낮아지나(하드웨어가 낡아진다. 하드웨어 자체가 소모품에 불과하다), 부동산은 그 반대로 흐를 공산이 높기 때문이다. 하드웨어가 낡아져도 존재가치가 곧 잠재가치로 승화되는 경우의 수가 많다.

땅 투자자에게 긴요한 필수덕목

땅 투자자에겐 자격요건이 있다. 필요한 덕목이 있다. 우선, 기다리는 지혜가 필요하다. 무작정 기다리며 기대감 갖는 건 너무 수동적인 자세다. 전적으로 미래를 대운에 맡기는 행동은 비겁하다. 투자기간 동안 되팔 수 있는 적정수준의 가격을 조성할 필요 있다. 또 다른 개발 이슈와 색깔을 모색한다. 가격감정평가품목(명목) 등을 모색해야 환금성을 높일 수 있을 테니까. 투자 이후 땅 주인이 할 일은 내 땅의 장점들을 모색하는 과정을 계속 갖는 것이다. 되팔 때까지 계속 진행한다. 땅은 두 종류로 대별되는 데 식물부동산과 동산화의 무대가 제공된, 마련된 부동산으로 말이다. 땅 거래 이후 물건에 무관심 하면 안 된다. 신경 써야 한다. 투자자와 컨설턴트는 관리가 중요, 긴요하다. 컨설턴트는 거래 이후에도 땅의 변화 현상과 정보를 투자자에게 알릴 의무(필요성)가 있어서 하는 말이다. 투자자는 매입 이후에도 현장답사를 자주 하는 게 좋다. 현장의 변화모습과 현장의 다양한 목소리를 들을 필요가 있기 때문이다. 역시 내 땅의 매력들을 찾는 게 유리한 것이다. 내 땅의 가치를 올릴 수 있는 재료(무기) 모색과정을 거칠 필요 있다. 모색 작업을 집중력 있게 한다면 모색대상물이 발견될 것이다. 눈을 크게 뜨고 보면 볼 수 있을 것이다. 미래의 잠재성 말이다.

땅값 올릴 수 있는 대의명분은 여러가지. 만들면 만들어진다. 인위적인 면이 포함돼서다. 땅의 처지가 어떤 지경인지 모르나 처지에 맞게 사이즈를 높이면 된다. 그렇다고 침소봉대 하라는 건 아니다. 땅의 잠재력을 높일 만한 강한 재료들을 나열한다.

1. **지역의 특징** – 영향력이 크다. 높다. 영향력은 잠재력 중 한 가지, 일부분이다.

2. **땅의 특징** – 광범위하다.

3. **땅의 성질** – 예) 용도 및 지목상태, 위치 등(특정물건 그 자체)

4. **개발이슈**('재개발' 현상도 발생할 수 있어 기대감이 높다. 한 지역에 고정 및 주거 인구가 급증하여 인구포화상태에 직면하게 된다면 다시 다른 모드의 개발이 긴요한 것이다. 이를 테면 역세권 개발이 종료된 상태지만 새로운 유형의 인구가 대거 유입되면서 2차 역사 개발이 진행될 수 있는 것이다)

토지이용 '계획' 확인서(라는 상수)**와 개발계획**(이라는 변수) – 초보자는 토지이용계획확인서를 절대적으로 신봉한다. 중요한 서류가 토지이용계획확인서이지만 법률적으로 100% 보증하는 공부는 아니다. 소중한 참고자료로 응용하면 그만인 것이다. 변수가 아닌 상수(고정적)사안이 명기된 서류라서다. 토지이용 '계획' 확인서 역시 개발청사진과 마찬가지로 '계획'에 머물 수 있는 지경이다. 물론, 개발청사진과는 그 색깔이 확연히 다를 수 있지만 100% 완전보장은 있을 수 없다. 토지이용계획확인서 내역은 수시로 변할 수 있기 때문이다. 개발청사진과 마찬가지로 좋은 변수와 나쁜 변수가 공존할 수 있는 것이다. 토지이용계획확인서와 개발청사진의 차이점은 상수와 변수의 차이다. 하나는 현재모습이요 다른 하나는 미래의 모습에 대한 계획인 셈이다. 토지이용계획확인서는 미시적 사안으로 토지활용도를 정밀하게 접근한다. 개발청사진이나 조감도(개발계획에 관한)는 거시적으로 접근한다. 토지활용도가 광대하다. 개별적 개발 대비 광대한 것이다. 토지이용계획확인서가 절대적일 수 없는 까닭이다.

땅값은, 예측의 힘으로 움직인다. 예측이 변질되어 억측이 될 수도 있다는 게 맹점이다. 개발공시지가와 거래가가 극명하기 때문이다. 집값은, 현실적인 움직임에 의해 발효된다. 개별공시지가와 거래가가 거의 비슷하기 때문에 가격예상이 가능한 것이다. 땅값이 예측에 의존하는 건 미완성물의 부동산이 땅이기 때문이다. 집은 완성물로서 땅에 비해 가격완성도가 매우 높다. 토지이용계획확인서와 개발청사진과는 별개사안이다. 거의 관련이 없다고 말할 수 있다. 왜? 개발진행 시 모든 상황이 전면적으로 변모하지 않는가. 토지이용계획확인서의 위치는 고정적이나, 개발청사진의 위치는 유동적이다. 다만, 토지이용계획확인서는 투자자가 아닌 실수요자에겐 절대적으로 필요한 공부다. 공부대로 건축행위를 해야 하기 때문이다. 도로가 바뀌고 용도가 바뀌고 지목과 방향도 변하는 건 투자자에게 필요한 명목들이다. 절대로 실수요자에겐 상관 없는 사안이다. 땅 신분이 바뀌는 경우는 투자자에게 한한다. 맹지에서 주거 및 상업지로 변하여 많은 이들의 관심 대상이 된다. 물론, 실수요자 입장에서도 반길 일이지만 투자자 대비 큰 영향은 없을 줄 안다. 투자수익보단 실활용에 지배를 받는 입장이므로.

토지이용계획확인서상태와 현장모습이 사뭇 다른 게 땅의 상태다. 역시 땅은 미완성물이기 때문이다. 땅은 실수요공간으로 변화되는 과정 및 결과에 따라 상황이, 신분이 바뀐다. 자리(위치) 따라 상이하다.

잠자리(주거공간으로의 활용) – 주거인구

일자리(공업공간) – 고정인구

놀자리(녹지공간을 활용) – 유동인구

잠자리와 일자리 – 직주근접형이 긴요한 사안(접근성이 높다)

놀자리 – 직주분리형(접근성이 낮다)

아이쇼핑과 현장답사

(백화점에서의) 아이쇼핑이 취미인 여성들이 있다. 백화점에 몰린 인구가 전부 소비자가 될 수 없는 이유다. 총 방문객 대비 수요자는 그리 많지 않다. 땅 아이쇼핑이 취미인 여성도 있다. 현장 찾는 사람들 모두가 투자자가 될 수 없는 연유다. 땅 아이쇼핑과정은, 현장답사여정 중에 발현할 수 있는 상황이지만 무의미하다. 아이쇼핑이 현장경험 중 하나가 될 수도 있지만 그건 지극히 개별적이다. 현장 보는 시각의 차

이가 커서다. 다양한 각도의 이론경험이 풍부하고 땅 보는 눈높이가 자신의 처지(모습)와 일치하지 않으면 안 될 것이다. 5천 만원의 여윳돈을 가진 자가 5억 원 상당의 땅을 모색한다면 소모전이기 때문이다. 무리수다. 비현실적인 행동반경을 보여서다. 하수가 밟는 현장답사과정은 위험스럽다. 준비가 안(덜) 된 상황에서 현장을 간다. 땅 보는 방법을 모른다면 현장답사를 마치 아이쇼핑 하듯 하고 말 것이다. 무의미하다. 단순히 눈으로만 현장을 보면 큰일이다. 현장감(제육감을 포함한)을 스스로 느끼지 않으면 안 되는 까닭이리라.

땅 문외한은 안전구도를 그리기보단 수익률에 일방적으로 지배를 받아 사기꾼들에 일방적으로 지배를 받아 사기꾼들 눈에 쉽게 들어온다. 사기꾼의 먹잇감이다. 하수는 한탕주의자에게 현혹되기에 충분하다. 십상이다. 지역(현장)을 먼저 생각한다. 지역 및 현장을 먼저 공부한다. 연구한다. 이론과 법률을 우선적으로, 집중적으로 공부하지 않은 채 지역과 현장에 지배를 받는다면 무조건 실패다. 시행착오를 겪을 수밖에 없는 것이다. 변수부터 연구모색 하려 하니 문제점이 발생하는 것이다. 상수(법률사안)를 모른 채 변수과정을 거친다는 것 역시 무리다. 한방에 무너질 수 있다. 하수는 늘 결과부터 상세히 알아본다. 과정을 먼저 알고 나서 결과를 바라는 게 정상 구도 아닌가. 개발약속사항을 먼저 구독+견지하려 든다. 무리다. 법과 규칙, 원칙을 먼저 견지한 후 개발청사진의 타당성을 알아보는 게 순리인데 거꾸로 간다. '타당성'

공부가 우선이다. 타당성 검증방도는 법과 규칙, 원칙에서 파생되는 것이다. 그렇기 때문에 기본과 원칙부터(광범위하게) 깊게 공부(연구 및 분석)할 필요 있다.

요컨대 백화점에서 아이쇼핑은 취미가 될 수 있지만 땅 아이쇼핑은 절대 취미가 될 수 없다. 견물생심이라도 발현하는 날엔 날벼락이 떨어질 터이니까. 묻지 마 투자로 변질된다.

부동산의 숲과 나무 성질

부동산을 보는 시각은 다르다. 다양한 눈을 가지고 있다. 종목별로 다르다. 크게, 혹은 작게 본다. 크게 보는 경우는 지역 잠재력에 집중하는 과정이다. 그리고 작게 보는 경우는 편익성에 집중하는 과정인 것이다. 둘을 동일시 본다면 낭패보기에 십상이다. 땅 투자 과정은 숲을 보는 과정이지만 집 매수 여정은 나무를 보는 과정이기 때문이다. 숲은 주변 정황을 말하고, 나무는 편익공간의 상황을 제시+예시한다. 전자가 잠재성에 기대감을 갖는다면 후자는 편익성에 대한 기대감이 증폭된다. 숲은 소프트웨어요 나무는 하드웨어상태를 말한다. 전자가 미래의 공간을, 후자는 현재의 공간을 제시+예시한다. 숲은 거시적이고 나무는 미시적이다. 거시적인 면은 과정을 말한다. 과정이므로 잠

재성에 기대한다. 미시적인 면은 결과를 대변한다. 실용성과 실활용에
지배를 받는다.

지역 실례)

평창이라는 대형 공간 – 나무를 보고 움직일 수 있는 지경(실수요공간이
므로. 힐링공간과 유동인구 급증세. 인구의 힘보단 웰빙에 기대한다. 땅값이 오를 수 있지만
크게 오를 수는 없다. 유동인구에 지배를 받을 수밖에 없어서다).

평창은 산업단지 대신 관광단지가 조성된다. 유동인구를 유도할 수
있는 이유다. 인간보호보단 자연보호가 최우선이다. 개발을 하되 자연
을 보호하지 않으면 안 된다. 산업단지가 들어설 수 없는 연유다.

경기도 화성시라는 공간 – 숲을 본다. 투자 겸 실수요공간이 가능하
다. 젊은 고정인구가 급증세이기 때문이다. 인구의 힘이 가히 기대 이
상으로 발동할 것이다. 화성은 관광단지와 공업단지가 함께 조성되는
입장이다. 이는 유동 및 고정인구가 다양한 까닭이나, 산업단지조성에
사활을 거는 입장이다. 이는 수도권과 비수도권 브랜드가치의 차이일
것이다.

숲 상태에선 인구의 다양성이 존속한다. 나무 상태에선 인구가 단
순한 지경. 그 틀에서 벗어나기 쉽지 않다. 미래가치, 잠재가치의 숲
상황과 현재가치의 나무 상황 아니랴.

서울이 특별시인 까닭 – 서울은 숲과 나무가 공존하는 상황. 인구의
다양성과 결코 무관치 않다. 실수요가치(나무)와 투자가치(숲)가 동반 상

승 중이다. 단, 강남3구에서 가치를 인정 받는 상황. 그러나 서울특별시라는 대형 공간 안은 역시 100% 도시지역으로 채워진 상태다. 비도시지역이 존재하지 않는다. 돈 놓고 돈 먹자 식의 투자형태가 아파트 견본주택 주변에서 발현하는 이유다. 떴다방이 가격거품을 만들어놓는다. 거품이 시세로 비화되어 문제다. 거품가격이 쉽게 빠질 수 없는 이유다.

가격과 가치도 숲과 나무로 비화된다. 즉 가치가 숲이요 가격이 나무인 것이다. 가치가 곧 잠재력 아니랴.

집값이 떨어질 수 있는 연유 – 언제든지 갑자기 공급과잉현상이 일어날 수 있기 때문.

땅값이 떨어지기 힘든 까닭 – 공급과잉현상이 일어날 수 없기 때문. 땅이 곧 대자연인 것이다.

공급과잉 심화의 결과 – 가격하락을 의심 받는다. 장기 하락세를 유발한다. 문제는, 거품가격이 갑자기 빠지는 경우의 수가 발생하기 힘들다는 것이다. 거품가격에 일방적으로 희생물 되기 싫어해도 뜻대로 안 된다. 평당(3.3제곱미터당) 1천 만원에 매수한 부동산주인이 손해를 크게 보고 매도하는 경우 수 역시 드문 지경이다. 집은 돈 놓고 돈 먹기 식으로 움직일 여력이 있으나, 강남4구의 일부지역에서 일어날 기현상에 불과하다는 점이 문제다. 강남북의 집값차이는 극과 극이다. 비수도권 땅값과 수도권 땅값 차이만큼 크다. 하나 비수도권을 나무로 인지하고 수도권지역을 숲으로만 볼 건 아니다. 비수도권지역 역시 곳에 따라 높은 접근성과 현장감을 자랑할 수 있기 때문이다. 수도권지역이라고 무조건 높은 접근성이 존속하는 건 아니다. 상대적으로 인구가 적게 몰리는 곳이 존속해서다. 수도권 공간은 정비계획이 긴요한 지역 아니랴. 이를 테면 자연보전권역과 성장관리권역, 과밀억제권역으로 대별할 수 있는 것이다. 과밀억제권역의 면적은 17.2%를 차지하고 성장관리권역은 50.4%를 차지한다. 자연보전권역은 32.4%를 차지한다. 과밀억제권역 인구는 78.3%, 성장관리권역과 자연보전권역은 각각 17.7%, 4.0%를 차지한다.

과밀억제권역 – 서울, 인천일부지역, 의정부, 구리, 남양주일부, 하남, 고양, 수원, 성남, 안양, 부천, 광명, 과천, 의왕, 군포, 시흥 등 16개 시.

성장관리권역 – 동두천, 안산, 오산, 평택, 파주, 남양주일부, 용인일부, 연천, 포천, 양주, 김포, 화성, 안성일부지역, 인천일부, 시흥일부 (14개시, 1개군)

자연보전권역 – 이천, 남양주일부, 용인일부, 가평, 양평, 여주, 광주, 안성일부지역(6개시, 2개군)

예비 땅 투자자가 반드시 인지할 사안(사명)

좋은 조건(여건)의 땅이 나쁜 땅으로 변질되는 경우의 수는 두 가지로 관철된다. 인위적인 현상, 혹은 자연적인 지경으로 말이다. 좋은 땅이 전격(단기간 내) 나쁜 땅으로 바뀌는 경우가 자주 발생하고 있는데, 평당(3.3제곱미터당) 100만 원 상당의 좋은 여건(입지)의 땅을 평당 200만 원으로 갑자기 올려 매도하려는 부동산주인이 그에 해당된다. 보물단지가 애물단지로 변질되는 순간이다. 가치 대비 가격이 터무니 없이 비현실적으로 형성된다면 거품을 집어넣는 꼴이다. 대책이 없다. 무대책이다. 이는 마치 수비(대책) 없이 상대를 공격하다가 불의의 일격을 당하는 아마 복서의 모습인 것이다. 스스로 독립하기가 쉽지 않다. 결국, 살인적인 거품가격으로 말미암아 좋은 땅이 변질되는 지경. 지극히 인위적인 현상이다. 개별적이다. 규제의 땅이 전격 규제해제과정을 밟는 땅도 있다. 규제 없는 땅이 규제 있는 땅으로 변하는 경우의 수도 있다. 이는 자연적인, 행정적인 요인이 발현했기 때문이다. 비개별적이다. 살인적 거품이 주입되는 경우 대비 이는 장기간 기획하에 전격 발표한다. 물론, 지역주민과 민원인 입장에선 전격적인 발표로 들릴지 모르지만 말이다. 규제가 해제되든 그 반대이든 규제의 변화엔 충분한 연유가 있을 법하다. 차제에 좋은 땅의 기준과 더불어, 좋은 집의 기준도 알아볼 필요 있다. 땅의 속성을 장기간 견지하기 위한 노력의 일환인 것이다. 좋은 땅의 기준은 다양하다. 미완의 부동산은 잠재성이 높은 편. 좋은 집의 기준은 단순하다. 완성물의 특징이다. 편익공간으로 편익성에 일반적으로, 일방적으로 지배를 받는 입장. 좋은 땅의 기준이 다양하므로 땅값 종류 역시 덩달아 다양하다. 좋은 집의 기준이 단순하다 보니 집의 분양가도 단순하다.

예) 아파트 분양가가 단순하다. 강남 기준의 주택 분양가와 강북 기준의 주택 분양가가 상존+공존한다. 한 곳은 비싸고 다른 한 곳은 그 반대로 분출되는 게 현실 아니랴.

땅값의 예) 다양하여 평당(3.3 제곱미터당) 1만 원 이하의 땅도 존재하는 게 국토 현실. 개별공시지가 200원짜리 땅도 오지 안에 공존한다. 비싼 땅의 수보다 싼 땅의 수가 훨씬 많다. 산과 강 등 대자연이 국토 대부분을 채운 지경이기 때문이다. 도시공간보다 녹지공간이 훨씬 넓은 지경이다.

개별공시지가와 시세 차가 크다. 땅값이 다양한 이유다. 집값은 (땅값 지경과) 다르다. 주거시설 중 비싼 집이 대다수를 차지해서다. 싼 집이 존재하는 곳은 오지 공간이다. 도시지역이 100%인 서울 안에 싼 집은 없다. 성지(成地)의 집은 아파트 등 공동주택이다. 오지의 집은 농가주택의 수준을 유지한다.

좋은 땅의 특징 - 주관적이다. 변수현상이 (다양하게) 일어나기 쉽다. 큰 변수가 폭등현상을 발현하고 작은 변수에도 땅값은 미동한다. 이동한다.

좋은 집의 성격 – 객관적이다. 상수상황이 발현한다. 역시 완성물이라는 특징 때문.

주택시장의 바로미터

1. 거래량

2. 인구이동량

3. 집값이동상황 – 집값이 폭등하면 수요가 몰린다. 대다수 가수요자라는 점이 큰 문제다.

4. 미분양수(미입주현상인 준공 후 미분양이 가장 큰 난제)

5. 전셋값과 집값 차이. 월셋값 하락이 큰 변수로 작용한다. 수익형부동산의 공급과잉현상이 문제가 될 수 있어서다.

6. 강남 아파트의 현재 및 미래가치

토지시장의 바로미터

1 개발청사진

2 인구증감상태 예) 젊은 고정인구 증감상황

3 주택 공급량 – 땅은 주변에 예민하므로 집값 시세에도 분위기를 탄다.

4 토지보상상황

5. 신도시 및 미니신도시(택지개발지구) 동향

상가시장의 바로미터

1. 유동인구의 유동상황

2. 주거시설의 질적가치 – 젊은 동력을 무시할 수 없다. 젊은인구가 곧 소비인구 아닌가. 예) 강남역 일대와 홍대 입구 주변

3. 공실률

4. 상가분양률과 공급물량

5 위치(입지동향) 점유(선점) – 점유는 유리하나, 후발주자는 불리한 입장.

(영원불멸한) 토지의 약점, 악조건은 낮은 환금성이나, 토지의 강점이 적잖다.

1. 개발계획에 급등한다. 오지에도 개발계획에 의해 하루새 2배도 오른다. 평당(3.3 제곱미터당) 1만 원짜리 땅이 2만 원 이상으로 말이다.

2. 변수가 다양한 편이다. 투자자가 꾸준히 늘어나는 연유다.

3. 잠재력이 크다. 미래를 보고 투자하는 상품이 땅이므로. 현재의 땅 모양새를 보고 (투자를) 결정하기 쉽지 않은 까닭이리라.

4. 소액투자가 가능한데 이는 분할이 가능하기 때문이다.

5. 지방자치시대와 맞물려 지방분권의 동력을 무시할 수 없다.

6. 장점의 수가 단점보다 훨씬 많다. 규제(단점)가 해제 되는 경우도 많다. 땅의 잠재성을 모색하는 방법을 정밀하게 안다면 땅 투자 자격조건에 부합하는 것. 이 정도의 능력이라면 추후 되파는 작업도 스스로

수시로 할 수 있다고 보기 때문이다.

7. **가격 결정권**이 개인에 있다. 지주가 가격을 정하는 입장. 지주가 가격 결정권을 쥐고 있기 때문에 가격 창조 구도를 걷기 십상이다. 변수가 다양하기 때문에 가능한 일이다. 땅의 장점이 집의 장점보다 많아서다. 완성물인 지상물과 미완성물의 차이다.

'가격'에 투자하는 자가 하수. 일단 싸면 접근한다. 관심도가 높다. 싼 맛에 움직인다. 실패자가 많은 이유다. '싼' 것에 큰 의미를 둔다. 가치보다 보유의 개념에 지배 당한다. '가치'에 투자하는 자는 고수. 잠재성의 (강한) 재료가 무엇인가. 가치의 기준(이 다양하다). 가치는 변수의 기대(고정적인 상수에 기대하지 않는다). 상수는 하드웨어요 변수는 소프트웨어다. 이름값은 몸값이요 하드웨어이지만, 소프트웨어와 하드웨어는 반대. 극과 극이다. 성질이 판이하다.

음악의 재료 – 가수, 악기, 작곡, 편곡… 하드웨어와 소프트웨어(사람의 능력과 역량)로 구성된다.

부동산의 재료 – 부동산주인, 개발청사진과 땅… 부동산공법을 비롯한 각종 법률들(약속)… 마찬가지로 하드웨어와 소프트웨어(인간의 활동영역)로 분류+대별된다.

고수가 보는 좋은 땅과 나쁜 땅의 차이점

(땅에 관심도가 높은 사람 중) 땅부터 보자는 식으로 접근하는 예비 땅 투자자가 의외로 많다. 현장 가기 전에 땅의 성능(고유 기능)과 지역 정보 및 특징을 경청한 후 현장을 가야 하건만, 현장에서 만나자고 일방적으로 약속날짜를 잡는다. 현장에서 만나 현장에서 속전속결 결론을 맺으려 하나, 그건 거의 불가능한 일이다. 이는 마치 반바지 입고 나서 내의를 입자는 식인 것. 무리다. 어울릴 수 없는 모형이라 흉측하다고 말하는 자가 많을 것이다. (여정과 절차를 무시하고) 브리핑 듣기 전에 현장부터 보자는 사람 치고 땅 투자 하는 경우는 없다. 극히 드물다. 왜? 그들은 현장감이 100% 완벽한 땅을 모색하기 때문이다. 존재하지 않는 걸 찾는 것이다. 마치 땅을 아파트 단지 내 상가 보듯 현장 점검과정을 밟는다. 집과 땅의 성질을 모른 채 현장답사과정을 밟는 건 무리다. 실수확률만 높다. 무조건 무턱대고 현장답사부터 하는 자는 하수다. 이론으로 무장하지 않은 상황에서 실전 경험부터 하려하니까. 역시 과정이 문제다. 가격을 논하기 이전에 가치를 논해야 하는 것처럼 현장체험에 앞서 다양한 이론경험의 습득이 지상과제, 중요한 것이다. 분명 가격공부는 가치공부 이후에 거치는 과정이다. 가치의 성격부터 인지한 후 가격공부절차를 밟아야 비로소 안정적인 (정확도 높은) 부동산에 대한 감정평가를 내릴 수 있을 것이다. 이론을 무시한 채 현장을 중

요시 여기는 것은, 마치 훈련과정을 중략한 채 경험 많은 프로복서와 스파링 하는 것 같아 매우 위험한 지경. 무모하다. 한탕 노리다 한방에 녹아웃되고 말 터. 쉽게 지울 수 없는 큰 상처를 입을 수밖에 없다.

현실을 제대로 인지한 자가 바로 고수다. 좋은 땅보다 나쁜 땅이 더 많다는 사실을 현실로 적극 수용하는 자가 고수다. 완전무결한 부동산이 없다는 사실을 잘 알고 있는 자가 고수이기 때문이다. 수적으로 맹지보다 비맹지(택지, 대지 등)가 훨씬 모자란 게 국토의 현실이다. 개발지 대비 미개발지가 훨씬 많은 지경 아니랴. 미개발지가 곧 자연(대자연)인 것이다. 자연이 곧 규제공간일 수 있기 때문에 하는 말.

좋은 땅 – 보물단지

'자신감'이 발화할 수 있는 기회의 공간이 곧 좋은 땅인 것.

나쁜 땅 – 애물단지

'장난감'과 같은 존재. 한 지역의 동네북이 된지 오래다.

좋은 땅에 단지를 조성, 건설한다면 그 단지는 보물단지로 탄생할 것이지만 나쁜 땅에 단지조성절차를 밟는다면 설령 계획이 무난히 차질없이 이루어진다 해도 완성된 그 단지는 한 지역의 애물단지로 잔존할 게 분명하다. 부동산 관심 자는 잠재성에 기대값을 포기하지 않는다. 부동산의 영원불멸한 구도 때문이다.

예) 나쁜 땅 옆에 좋은 땅이 공존. 나쁜 사람 옆엔 좋은 사람도 있다. 나쁜 사람이 좋은 사람의 영향을 받아 개과천선한다. 절망적인 맹지 옆에 희망적인 맹지도 존재한다. 희망적인 맹지의 지주가 능력 있는 사람이라면 큰 기대를 해도 된다. 맹지 옆엔 비맹지가 존속하기 마련. 개발 시 온통 한 지역을 통째로 개발하는 경우는 없으므로.

땅과 지상물 관계. 이 역시 변할 수 없는 구도다. 땅은 인근 지상물에 참견, 간섭한다. 개입한다. 적극적이냐, 소극적이냐의 차이로 말이다. 비교적 적극적으로 참여하려 든다. 의존한다. 미완성물의 (한계점의) 바닥을 수시로 스스로 드러낸다. 바닥시세의 땅이 많은 이유다. 이 역시 개별공시지가와 시세와의 격차가 심한 까닭이다. 완성 및 미완성물의 차이이기도 하다. 땅과 반대로, 집은 인근 땅들에 간섭 안 한다. 의존 안 한다. 관심 없다. 영향력이 그다지 크지 않아서다. 집주인은 부동산 가격에 예민하지 않으나 땅주인 대부분은 가격에 일희일비한다. 땅은 장기투자종목이기 때문이다. 변화속도와 변화의 질적가치가 집과 땅은 확연히 다르다.

실수요자가 바로 견지할 사항 – 교통, 교육, 자연(완성물, 지상물의 조건)

투자가치의 기준 – 교통(접근성). 미완의 부동산 조건.

실수요자나 투자자나 모두 공통적으로 교통의 중요성을 감지하지 않으면 안 되나, 실수요자는 현재의 교통상황을 견지해야 하고 투자자는 교통의 발전속도에 지배를 받는다. 변화속도를 견지하지 않으면 안 된다. 1인 가구수가 기하급수적으로 증가하여 무조건 크다고 좋은 건 아니다. 크기보단 질적가치에 주력하지 않으면 안 되는 것이다.

예) 페니스(크기보단 강직도와 그 지속성이 중요)

여자 소개 받기 전에 하는 남성의 우문.

"그 여자 키 커?", "그 여자 직업이 궁금하다"

하수의 질문이다. 이는 마치 땅의 용도와 가격을 물어보는 상황이라서다. 여성의 존재가치를 물어보는 게 현명할 것이다. 땅의 잠재가치를 물어보는 게 현명할 것이다. 외형보단 내실이 중요하다는 것이다. 외모는 단명이나, 내면의 수명은 길기 때문이다. 땅의 성질을 보고 투자하는 게 정석, 현명하다. 사람의 성질을 보고 움직이는 게 현명할 것이다. 땅 고유의 성질은 잠재성에 대한 지속성이다. 그 성질을 견지하지 못한다면 땅에 접근하면 안 된다. 사람의 성질이 안 좋다면 지금의 좋은 신분이 악화일로로 달릴 수 있다. 유지력에 문제점이 노출된다. 땅의 현재 위치(가치)가 미래의 잠재가치이듯 현재의 괜찮은 사람 성질 역시 그 사람의 미래일 것이다. 현재가 곧 미래의 작은 거울일 것이다.

좋은 부동산의 판단기준

못 생긴 여자가 잘 생긴 여자보다 훨씬 많다(출산율이 낮아지는 시대. 성형외과 인기가 산부인과 인기보다 더 높은 이유다. 성형외과가 성황일 수밖에 없다). **미개발**

지가 개발지보다 훨씬 많은 것처럼 못 생긴 땅이 정지된(정리정돈, 즉 형질
변경상태의 토지) 땅보다 압도적으로 많다. 보유 중인 땅이 매우 넓다면(양
적으로 우위에 있는 상황) 질에 문제가 있을 수 있다(지능지수가 낮은 땅). 좋은
땅은 나쁜 땅과 붙어 있을 수 있기 때문이다(반대로, 나쁜 땅도 좋은 땅과 붙어
있을 수 있지만 말이다. 땅이 미래인 까닭이다). 그러나 보유 중인 땅이 매우 작다
면(질적으로 우위에 있는 상황) 좋은 땅일 수 있다. 개발지역은 미개발공간
대비 몹시 좁을 수밖에 없기 때문이다.

용도변경된 땅을 질적가치 높은 상태의 땅으로 여긴다. 상업지가
격상되는 경우가 있다. 상업지를 매수했는데 상업지가 더 넓어진 경우
역시 질적가치가 높을 수 있다. 즉 고부가가치의 개발지 땅을 샀는데
개발지 면적이 넓어지는 경우 역시 질적가치가 높을 수 있다는 말이
다. 개발공간이 갈수록 커져 간다는 말은 다양한 인구가 유입된다는
것이다. 젊은공간으로 발전하면서 가치가 한층 높아지는 것이다. 단순
한 부동산 구조가 넓어진다고 해서 가치가 높아지는 건 아니다. 비어
있는 공간이 많으면 외려 나쁜 부동산으로 변질되기 십상이기 때문이
다.

좋은 땅의 기준은 위치가 좋고 면적이 좁다는 것이요 나쁜 땅의 기
준은 위치가 나쁘고 끝이 안 보일 정도로 면적이 광대하다는 것이다.
넓은 공간의 개발기간은 초장기로 흐를 공산이 높다. 개발기준(모토)이
변질될 공산 역시 높다. 지나치게 뚱뚱하면 몸에 이상증상이 발현하기

십상이다. 마찬가지로 지나치게 넓은 땅 역시 이상증상이 발현하기 십상이다. 몸이 크면 행동이 굼뜰 수 있다. 몸이 작으면 행동이 민첩할 수 있다.

소형부동산시대다. 작고 알찬 게 우선이다. 형식보단(외모보단) 내적인 아름다움이 우선인 것. 내용이 우선이다. 1인 가구가 전체가구 중 27.2%(2016)를 차지하고 있다. '소형' 시대라는 증거다.

예) 넓은 땅 〈 작은 땅(작은 땅의 의미는, 한 번 정도 분할작업 등을 거친 땅이라는 것. 하나 넓은 땅은 손 한 번 거치지 않은 야생동식물로 가득한 사람 접근이 힘든 지경)

소형아파트의 인기가 날로 높아지는 이유는 3가지로 관철된다.

1. 구입부담률이 낮다.

2. 가격상승률이 높다. 수익형부동산으로도 응용하는 입장.

3. 미분양률이 낮다.

소형토지 역시 인기가 높다. 역시 구입하는데 부담감이 적고 가격상승에 관한 기대감은 증폭되는 지경. 실수요 명분도 강하다. 인허가 등 작업진행이 수월할 수 있다. 좋은 부동산의 판단기준은 상황에 따라 개별적으로 상이할 수 있지만 진리는 한 가지. 순리대로 움직이는 게 대세다. 유리하다. 유익할 것이다. 소형시대에 맞는 작은 욕심으로 작은 부동산 매수에 전념하는 게 옳은 방도가 아닐까 싶다. 리스크 줄이기에 합당, 온당하다고 보기 때문이리라.

건강한 부동산의 기준 – 건강 미인선발대회에서 미인 선발기준은 총 4가지. 표현력과 여성미와 비율, 그리고 균형미이다. 건강한 부동산의 기준은 어떨까. 실수요자와 투자자 모형이 다르다. 표현력은 현장감의 다른 모드. 여성미 역시 현장감 등 하드웨어상황이다. 비율과 균형미는 인구동태의 다른 말. 젊은인구만 집중 몰려도 문제요 노인인구만 몰려 늙은 도시로 퇴색, 변색하면 그 또한 큰 문제다. 다시 말해, 부동산의 인적물적(여러 모드의 변수사안) 구조는 두 가지로 점철되는 데 다름 아닌, 부동산의 하드웨어상태와 소프트웨어상황을 말하는 것이다. 부동산을 투자명목으로 움직인다면 소프트웨어상황을 예의주시, 중요시 여기지만 부동산을 실수요공간으로 여긴다면 하드웨어상황에 집중할 필요 있다. 실수요가치는 실수요가격을 압도하는 지경 아닌가. 하우스푸어는 투자자 중에 발생하는 것이지, 실수요자 중엔 절대 발생하지 않는다. 그렇기 때문에 부동산 매수 전에 내가 무슨 명분을 쥐고 움직일 것인지 제대로 인지하지 않으면 안 될 것이다.

땅투자에 실패한 자 대부분은 자신의 서원(목표)을 모른 채 움직인 자이다. 즉 투자자가 실수요 명분으로 움직인 경우다. 투자자는 부동산의 소프트웨어를 견지하지 않으면 안 된다. 부동산의 소프트웨어란 현장감이 아닌 (접근성인) 위치인 것이다. 착각하지 말라. 건강한 부동산은 적정비율을 유지한다. 균형미가 중요하다. 접근성이 높다면 인구의 균형미를 이룬다. 접근성이 낮은 곳의 특징은 하나. 늙어가는 곳으로 변질된다. 노인인구가 급증한다. 수도권엔 젊은도시가 많다. 젊은피가 흐를만한 공간이 수두룩하다. 그 이유는 적정비율을 장기간 유지할 수 있어서다. 도시지역 내에 주거 및 상업, 업무시설물, 그리고 공업시설물이 분포되어 있다. 용도와 인구의 적정비율이 수도권의 강점이다. 직주근접형 부동산이 다양하게 분포, 분출된 지경. 높은 가치를 자랑한다.

지방 오지의 특징은 무엇이랴. 녹지공간율이 지나치게 높다. 넓다. 자연녹지가 변하지 않는다. 진보한 신도시는 자연녹지공간이 변했다. 인구팽창에 따른 변화, 변모, 변혁인 것. 1기 신도시 분당의 변화가 그 좋은 실례다. 애초의 개발면적 대비 더 넓어졌다. 균형미 덕이다. 적정비율 덕이다. 병든 부동산의 특징과 건강한 부동산의 특질부터 알고나서 부동산 매수전선에 나서야 할 것이다. 특히 실수요공간과 투자공간을 바로 정독하지 않으면 안 될 것이다. 병든 지역은 실수요 공간보다 투자공간이 지나치게 넓다. 고정인구와 주거인구보단 유동인구, 이동인구만 넘쳐난다. 부동산은 곧 사람. 건강한(정신적으로) 사람(부동산주인) 곁에는 건강한 부동산이 상존하기 마련이다. 병든(한 방 노리는) 자 옆엔 병든 부동산인 쓸모 없는 부동산이 기생하기 마련이다. 정치와 종교와 부동산은, 비판의 목소리를 들을 필요 있는 필수덕목이다. 단, 병든 비판 대신 건강한 비판이 긴요하다. 그래야만 진보, 발전할 수 있는 기회가 찾아오는 것이다. 건강한 비판과의 소통이 필요하다. 중요하다.

규제 모르면 투자 못한다

부동산의 특징 중 하나가 규제 온상이라는 점이다. 국토 곳곳이 규제로 도포되어 있다 해도 과언이 아닐 정도다. 특히 수도권(서울특별시, 인천광역시, 경기도)은 중첩 규제 대상이다. 지방인 비수도권지역에 없는 규제사안에 몸살을 앓고 있기 때문이다. 과밀억제권역과 성장관리권역, 그리고 자연보전권역에 관한 사안은 지방 토지이용계획엔 없다. 수도권정비계획의 목적은 난개발의 시정이다. 면적(전국토의 11%수준) 대비 인구가 포화상태(전체인구의 절반수준)라서다. 규제 존속의 의미와 원인은, 100% 온전한, 완벽한 부동산이 존재할 수 없다는 것. 규제해제 가능성이 높은 지역이 바로 투자가치가 높은 곳이다. 최소비용으로 최대 효과를 노릴 수 있는 상황일 수 있기 때문이다. 이를 테면 맹지상태가 곧 규제해제사안에 포함된다는 것이다. 맹지를 구입하는 이유는 개별적으로 최소비용으로 시작이 가능하고 개발주체는 (접근성 높은) 맹지를 개발하기 때문이다. 택지는 맹지의 미래다. 즉 접근도 높은 맹지는 택지의 과거인 것이다. 단, 맹지 구입 시 접근성 높은 맹지라는 이유 하나로 거품가격에 매수하는 일은 있어선 안 되겠다. 규제분석과정, 재해석 과정이 필요하다. 투자자에게 필요하다. 실수요자에게 불요불급한 조건이므로.

규제의 대상은 바로 '자연'이다. 자연의 실체, 실례는 물과 산으로 점철된다. 실수요자에겐 자연은 규제가 아닌 힐링이나 삶의 질을 높이는 중요한 요소다. 전원 및 도시생활을 함께 영위하는 게 적은 비용으로 높은 삶의 질을 맛 볼 수 있는 것이리라. 실수요자 입장에서 대자연이 대규모 정원인 셈이다. 자연은 이중성을 지닌다. 산의 이중성은 규제와 프리엄의 공유, 공존이요 강의 이중성이란 역시 규제와 프리미엄의 동시 발현인 것이다. 산이 규제범주에 든 경우가 있다. 공익용보전산지나 임업용보전산지가 그 좋을 실례다. 물의 경우는 상수원보호구역 등이 규제에 포함된다. 매수자 입장에서 규제를 핑계 삼아 가격을 깎으려 애쓴다. 매도자 입장에선 조망권 프리미엄을 내세워 가격상승을 적극 요구한다. 심리전, 눈치작전이 심하다. 즉 투자자 입장에선 늘 최소비용으로 (규제 명분) 최대효과(프리미엄 명목)를 노리려는 것이다.

욕구와 요구의 차이점은, 크기의 차이일 뿐 거반 같은 색깔(수준). (오염도 높은) 하천 앞 조망권을 내세워 프리미엄을 적극 요구하는 자도 있을 수 있다. 물 질(물의 질, 수질)은 삶의 질과 연관 있다. '물' 이 안 좋으면 사람 질에도 문제가 발생할 수 있기 때문이다. 육체가 안 좋으면 정신에도 악영향이 미칠 수 있기 때문이다. 물리적 요인보다 물질적 요인을 앞세워 삶의 질적가치를 떨어뜨리는 일도 다반사다. 직접역세권에 사는 아파트 주민은 1년 내내 사시사철 매연과 소음 등 다양한 공해 속에 힘겹게 살아갈 수밖에 없는 처지다. 불행하다. 육체적 손괴 위험이 뒤따르기 때문이다. 이런 측면에서 볼 때 부동산 가치와 가격은 다른 의미로 해석된다. 별개 사안이다. 삶의 가치가 곧 가격과 직결되는 건 아니니까. 삶의 질적가치는 낮지만 아파트 거품가격은 자연스럽게 형성된다. 매연이나 소음 따위는 가격과 거반 무관하다. 왜? '직접역세권' 하나로 맹점 커버가 가능하니까. 더불어, 각종 조망권 덕에 거품이 빠른 속도로 주입된다.

규제의 목적은 부동산이라는 자연상태를 방지하고 보호하는데 있다. 위험에 노출, 방치하면 안 되기 때문이다. 난개발 방지와 자연보호가 규제의 목표다. 자연보호에 집중하면 난개발 방지가 될 지 모르나, 난개발은 불요불급한 개발을 의미한다. 고정인구가 태부족인데 개발을 한다면 공급과잉에 따른 높은 공실현상에 허덕일 게 뻔한 법. 결국, 규제 효과는 제대로 정립된 부동산 구도, 배치인 것이다. 도시지역 내 주거, 상업, 공업, 녹지공간의 배치구조는 법과 법칙에 의해 준수, 준행한다. 제각각(특유의 성질을 발휘하기 위한) 제대로 정립된 위치, 입지가 관건인 것이다. 상업공간에 주거공간이 들어서거나 녹지공간이 상업공간이 된다면 인구유입에 큰 걸림돌이 될 수 있다. 각자의 위치에서 가지고 있는 그 역량(역할, 능력)을 발휘해야 하는 것. 상업지 용적률이 별도 마련되어 있고 녹지지역 용적률(존재가치와 그 존재의 범위)이 있기 때문에 위치가 중요한 것이다. 만약 녹지공간에 중심상업지역이 들어선다면 지역 언밸런스현상이 일어날 수도 있다. 억지로 용도변경 하면 차후, 반드시 패악이 뒤따르는 법. 차제에 건전한, 건설적인 부동산문화가 정립되어야 할 것이다. 로비문화는 장수시대에 맞지 않다. 로비문화는 부동산 수명을 단축시킬 수 있기 때문에 하는 말이다. 한 지역의 부동산 배치구조가 난잡 일색으로 흐를 수 있다.

'규제'의 또 다른 표현은, '정리정돈'이 아닌가 싶다. 군사시설보호구역 땅, 개발제한구역 땅을 팔았다고 무조건 사기라고 매도하는 자는 하수다. 왜? 철원은 국내 유일의 100% 군사시설보호구역이고 수도권의 연천 역시 거의 100%(98%) 군사시설보호구역의 규제 속에 예속된 상태라서다. 제한(민통선 이남지역) 및 통제(민통선 이북지역)지역으로 구분하지 않으면 안 되는 이유다. 개발제한구역(그린벨트) 위치가 좋다면 투자가치를 기대할 만하다. 그렇기 때문에 그린벨트 해제 가능성의 기능, 성능에 기대하는 것이다. '규제'를 분석하는 이유는, 투자 시 실패율을 줄여 성공률을 높이기 위한 것이다. 실수요자와 다른 모드다. 물 규제, 군사시설 보호에 따른 규제 등의 규제 수준(상수원보호구역 등)은 정밀히 분석할 필요 있다. 규제 수준이 높고 까다로울 수 있기 때문이다. 대자연에 피해를 줄이고 개발하면 규제는 별 문제될 게 없다. 알아볼 생각조차 하지 못하는 여유 없는 행동은 투자행로를 적극 가로막는 장애물이다.

규제수준이 높다면 작은 부동산을 건축할 수 있는 상황이고 규제수준이 낮다면 큰 부동산을 건축할 수 있는 상황인 것이다. 규제수준이 상상 그 이상이라면 건축조차 불가능할 수 있다.

하수가 인지하지 않으면 안 될 주요 규제사안

개발이슈 감도를 제대로 인지하는 것 그 이상으로 중요한 건 규제에 대해 바른 이해감도일 것이다. 대한민국 국토는 맹지천국이자 규제일색이기 때문이다. 개발을 위해선 규제를 피할 도리가 없다. 순리다. 규제는 공부 대상이 아닌 연구대상일 수밖에 없기 때문이다. 하수는 규제 공부에 매진하지만 고수는 규제분석과정을 수시로, 스스로 밟는다. 변수지경과 자주 부딪치는 게 규제사안 아닌가. 변수에 능수능란하게 적재적소에 대처하는 길이 실패확률을 대폭 줄이는 적정한 방도가 될 것이다. 개발에 따른 변수는 둘. 두 가지 경우다. 개발을 위한 단기규제(예-개발행위허가제한지역)와 개발을 위한 장기 규제해제과정(예-대규모 개발제한구역해제 통한 주거시설 확충 및 확보과정)이 바로 그것이리라.

개발하는 곳은, 인구가 단순한 지역의 개발과 인구가 다양한 지역의 개발로 대별된다. 자연을 개발하되 동식물만 존재하는 곳을 개발하는 경우는 있을 수 없기 때문이다. 맹지를 개발하는 경우와 오지를 개발하는 경우가 태반 이상이다. 오지지역의 특징은, 65세 이상의 여성인구가 급증한다는 것이다. 남성기대수명 대비 여성기대수명이 훨씬 높기 때문이다. 비오지지역의 특징은, 출산가능인구가 급증하고 각양각색의 산업단지가 출현하고 있다는 것이다. 오지지역의 특징 중 하나는, 노인인구의 꾸준한 증가세이다. 장수시대를 피할 수 없기 때문이다. 전출인구가 급증한다. 각종 편익시설이 미비한 상황이기 때문이다. 젊은인구가 줄어든다. 이는 각종 편익시설 마비증상과 관련 있을 것이다.

도시지역과 농촌지역의 차이점(농촌지역을 비도시지역이 구체적으로 대변할 수는 없다) – 도시지역은 인구가 급증할 수 있지만(실수요 겸 투자자가 급증할 수 있기 때문) 농촌지역의 인구는 급감할 우려가 크다. 실수요자가 대부분일 수밖에 없다. 투자자들은 고정인구 동향 따라 움직일 수 있는 사람들 아닌가.

(비교적 구체적인) **규제의 존재 이유** – 지역, 구역, 지구의 존재가치를 대변하기 위해서다. 지역+구역+지구 안에 녹지공간, 즉 자연공간이 없을 수 없지 않은가. 차제에 규제 수위를 조절할 필요 있다. '보호+진흥+제한' 등을 통해 수위 조정(견지)이 가능하다.

보호 관념의 사례) 시설보호지구(공용시설보호지구+학교시설보호지구+항만 및 공항시설보호지구)

군사시설보호구역(1973년 처음 설정) – 역시 통제보호구역과 제한보호구역으로 대별한다. 전자는 민통선 이북지역을 말하고 후자는 민통선 이남지역을 말한다. 군사분계선 남방 25km 범위 안에서 구분한다.

이밖에 농업보호구역, 상수원보호구역 등이 존속 중이다.

제한 관념의 사례) 개발제한구역, 개발행위허가제한지역, 공장설립제한지역, 산지전용제한지역, 토석채취제한지역 등.

진흥의 시각 - 농업진흥지역, 개발진흥지구, 농업진흥구역 등

지역—구역—지구(보호+진흥+제한에 의해 변수 발현) : 보호와 제한은 규제(범주)를 암시하나, 진흥의 경우는 규제와 비규제가 공존한다.

땅 하수가 오인하기 쉬운 11가지 사달

땅 하수의 그 땅이 싫은 11가지 이유

1. '임야'라 싫다. '악산=임야'라는 선입견이 문제다. 낮은 임야와 접근도 높은 임야도 존속한다는 사실을 짐짓 모른 척 하려는 건 아닌지 모르겠다.

2. '비싸서' 싫다. 역시 거품과 폭등의 의미를 구별할 수 없어 문제다. 소액투자의 관념을 인지해야 할 줄 안다. 땅투자는 경제법칙에 따를 수밖에 없지만 무조건 싼 건만이 장땡은 아닐 거다. 최소비용으로 최대효력을 볼거라면 가치 높은 명품 땅을 노리는 게 순리일 것이다.

명품가방의 기준(특징) - 결코 싸지 않다. 싸면 짝퉁이다. 마찬가지로, 명품 땅은 싸지 않다. 싸면 하자가 없을 수 없다. 물론, 싼 맛에 땅 사는 사람도 없는 건 아니나, 그건 요행수만 바라는 눈치일 뿐 큰 의미는 없는 것이다. 요는, 저가의 명품은 존재할 수 없다는 것. 고가의 명품은 있을지언정 저가의 명품이란 있을 수 없는 것이다.

3. '컨설턴트 인간성'이 문제 있는 것 같아 싫다. 땅의 성질을 우선으로 여겨야 하는데 엉뚱한 곳에서 방향을 잃고 방황 중이다.

4. '전라도'라 싫다. 지역감정 수위가 높다. 역시 땅을 통해 지역감정을 유발하는 건 무리다. 지방자치시대가 곧 지방분권화시대를 대변하는 입장 아닌가. 지방의 힘은 각양각색, 개성 있다. 지방색이 다양하게 분출하는 지경이다. 지방이라고 해서 무조건 투자가치가 낮다는 사고방식 역시 무리다.

5. 컨설팅회사 위치가 맘에 안 들어 싫다. 부동산1번지가 바로 강남이건만 강남이라는 지역에 회사가 있다고 방문을 꺼리는 경우도 있다.

6. 용도가 맘에 안 들어 싫다. 비도시지역 가치가 외려 도시지역 가치보다 잠재력 면에서 우수한 경우도 있는데 말이다. 기회를 스스로 발로 차버리는 격이다.

7. 개별공시지가가 낮아 그 땅이 싫다. 개별공시지가 표시가 안 되어 있어 싫다.

8. 지인 소개라 싫다. 다단계식 영업이 무조건 나쁜 건 아닐 것이다. 다단계식에 집중하기보단 물건 성능과 성질에 집중하는 편이 더 낫다고 본다.

9. 지인(비전문가)들에게 물어보았더니 거기(컨설팅회사)에 가면 사기당할 수 있다고 말해 싫다. 물건을 보기도 전에 미리 사기라는 생각부터 하니 문제다. 이는 마치 입사서류전형에서 3류대 출신의 응시자를 일방적으

로 적대시 하는 행위와 매일반이리라. 3류대 출신의 응시자가 외려 명
문대 출신자보다 더 능력이 뛰어날 수도 있는데 말이다. 휴지통에 과
감히 버려야 할 더러운 고착관념 하나로 말미암아 기회를 스스로 차버
리는 격이다.

10. 컨설턴트 지명도가 낮아서 싫다. TV출연 많이 한 식당음식 맛이
형편 없는 경우가 얼마나 많은가. 형식보단 실속(실용성)을 따질 때이다.
외모가 출중하다고 맛 있는 건 아니다. 영양가는 내실에서 비롯(발현)
되는 법이니까.

11. 각종 규제에 벌벌 떠는 자는 하수다. 무조건 규제를 터부한다. 맹점
으로 본다. 수변구역이라서 싫단다. 규제의 위치를 보려하지 않고 표
면, 단면만 살피니 문제다. 규제의 위치를 보는 이유는, 규제해제 확률
이 높은 지역을 모색하는 게 순리이기 때문이다. 위치가 탁월한 규제
지역은 규제해제지역으로 급반전, 진보, 변화할 확률이 높다. 개발은,
괜찮은 위치의 맹지(규제)를 개발해서다. 개발 1순위 땅은, 위치가 괜찮
은 맹지다. 개발된 땅을 재개발 하는 경우는 극히 드물다.

땅투자를 포기해야 할 사람

땅투자 실패자는 판단 미스자이다. 변별력이 낮다. 애초 움직이지
말았어야 할 자이다. 땅투자를 포기해야 할 사람은 다음과 같으니, 여

기에 해당하는 사람들은 땅에 관심조차 두지 않는 편이 낫다. 시간 낭비와 에너지 낭비하면 아깝지 않은가.

1. 땅에 대한 관심은 높으나, 의심이 더 많은 사람. 땅에 대해 노크 과정만 밟고 체크 과정을 중략하고 만다.

2. 여윳돈 없이 100% 대출자금으로 응용하려는 자. 마치 아파트 갭 투자인 양 무리수를 둔다.

예) 3억 원의 아파트를 매수하는 데 2억 원 전세 안고 1억 원을 대출받는 경우.

3. 단기성으로 여기는 자. 마치 아파트 떴다방의 사기에 속아 전매처럼 움직일 자.

4. 현장답사와 세미나에 상습적으로, 습관적으로 참여하는 자. 참여에 의미만 둔다. 평생 '땅 공부'만 열심히 할 수 있는 자이다. 판단력과 결단력이 부족한 사람이라 투자는 힘들다.

5. 땅의 급소인 핵심사안보단 역시 완벽한 땅을 모색하는 자. 땅의 성질을 모르기 때문에 땅 접근이 힘들다. 땅은 부동산 종목 중 유일무이한 미완성물 아닌가. 100%가 아닌 50%에서 시작하는 것이다. 또는 20%에서 시작한다. 아파트는 100%, 완성물인 지상물이다. 시작점이 바로 100%인 것이다. 투자종목이 아닌 실수요 종목인 까닭이다. 물론, 수요가 꾸준히 늘고 있는 소형인 경우는 예외일 수 있지만 말이다. 만약 아파트가 투자종목이라면 100%라는 말을 할 수 없는 법. '투자'란 변

화과정을 겪기 마련 아니랴. 100%에서의 변화란 있을 수 없는 것이다. 수치에 예민한 게, 통계에 민감한 게 부동산 아닌가. 하우스푸어는 아파트를 투자명목으로 움직였다가 재미 보지 못한 자이다. 부동산의 리스크는 항시 발생하나, 투자명분으로 움직이는 경우에 발생한다. 실수요공간으로 여긴다면 리스크는 낮다. 없을 수 있는 것이다. 실수요 공간에서는 물리적 안전성, 즉 환경에 지배를 받는 것 아닌가. 리스크는 '돈과 수익성'에 지배 받는 것. 투자명목으로 움직인 부동산은 가격에 예민하나, 실수요 명목으로 움직인 경우엔 가격에 둔감하다. 신경 안 쓴다. 삶의 질적가치에 예민하므로. 삶의 질에 투자하는 게 실수요자의 자세인 것이다. 투자자는 (작은) 돈으로 (큰) 돈을 만들려 하나, 실수요자는 돈으로 삶의 질을 사는 자인 것이다.

땅 투자 초보자의 변함 없는 사고

다음은 땅 투자 초보자의 변함 없는 사고다. 진보하기 힘든 이유다. 실패의 연유다. 집중보단 집착이 문제의 발단이다.

(1) 개별공시지가에 집착한다. 거래가격과 개별공시지가의 큰 격차를 이해하지 못하기 때문이다. 이런 현실을 애써 무시한다. 땅 사기 전에 공부(공적서류)확인을 하지만 토지이용계획확인서보다 개별공시지가확

인원 확인에 집착하는 사람도 있다. 하수의 전형이다. 헛수고 하고 있다. 땅은 집과 달리, 거래가와 공시지가가 하늘과 땅 차이만큼이나 크다. 마치 토지이용계획확인서의 상황과 현장상황과 다른 것처럼 큰 차이가 난다. 대지지분으로 변하는 주거시설 대비 땅 자체는 대지건 목장용지건 생땅, 원형지에 불과한 것이다. 현실이다. 집의 성질과 땅의 성격 차이를 잘 인지할 필요 있다.

(2) **지목과 용도**(지역, 구역 및 지구)에 **집착한다.** 개발 시 대규모로 동시다발적으로 밀어 개발하기 때문에 큰 도로가 발생할 수 있어 희망적이다. 고로 지목과 용도에 한정된 사고에 집착하는 우를 범하면 안 되겠다.

(3) **땅 모양새에 집착한다.** 장방형이건 정방형이건 상관 없이 주변상황에 집중할 필요 있다. 그러나 내 땅 근처에 산과 물이 있다고 해서 무조건 절망적이라는 의식이 문제. 단순한 건축행위에 의해 일희일비하면 안 된다. 역시 큰 개발(개발 시 다양한 건축행위 가능)에 의존할 수밖에 없지 않으랴. 소탐대실하면 아무 데도 투자할 수 없다.

(4) **결과적으로 위 (1), (2), (3)의 위치가 중요한 것이다.** 개발지역과의 거리에 집중하는 이유다. 위치에 집중하는 이유는, 위치는 고정 및 주거인구 상태와 직접 연관 있기 때문이다. 고정인구는 산업단지 내에서 반출하는 젊은 동력이지만 주거인구는 대규모 아파트단지 등 주거단지에 의해 발현하는 인력이다. 괜찮은 위치(높은 접근성)가 개별공시지

가, 용도와 지목, 땅 모양 등과 정비례할 것이라는 기대감은 하수가 갖는 사고다.

인구가 곧 가치를 적극 대변한다. 사람이 몰리는 부동산이 최고 가치를 자부, 자랑한다. 입지가 좋아진다. 존재가치가 점차 잠재가치로 변할 소지가 크고, 희소가치를 대변하는 상황에 이르기까지 한다. 이는 도시가 변하는 과정인 것이다. 사람 몰리는 범위, 넓이가 넓을수록 그 가치의 크기는 극대화될 것이다. 한 군데 집중 몰린다면 잠재가치에 대한 기대감을 가질 수 없다. 집단쏠림현상은 보기 안 좋다. 한 공간에 인구가 고루 분산되어 있지 않으면 안 될 것이다. 노동인구와 노인인구가 적정한 수준을 유지하지 않으면 안 될 것이다. 공유인구가 필요한 것이다. 지상물 구조가 젊은사람을 위한 공간으로 가득찬 경우, 지역균형발전(반전)을 기대하기 힘들다. 이는 용도의 다양성을 강조하는 대목이다.

노인인구가 몰리는 경우 - 전원도시가 그 실례로, 은퇴인구가 집중 몰린다. 자칫 잘못하다간 한 지역이 늙어갈 수도 있는 것이다. 잠재력이 상실되는 것이다.

젊은인구(노동인구)가 몰리는 경우 - 예비 신도시 모드로, 새로운 택지가 조성되는 입장. 택지조성(예-주거공간, 상업 및 업무공간으로 분류된다. 이 역시 균형감각을 잃으면 안 될 것이다. 주거공간에만 사람이 집중 투하되는 경우도 보기 안 좋은 현상이다).

경기도 광주는 경강선 개통으로 전원생활과 도시생활을 함께 영위할 수 있는 여건이 깊게 조성된 상태다. 4개 역사가 입성하면서 인구가 급증세다. 인근 분당신도시와 판교신도시 주민들 중 젊은인구가 실수요 겸 투자목적으로 본격적으로 움직일 기세다. 경강선 덕에 서울과의 높은 접근성으로 서울인구 역시 이동 중이다.

　　노인인구가 몰리는 또 다른 경우의 수 - 장수시대라 예측 가능한 현상. 젊은인구 전출현상에 의해 오지 공간에 노인인구만 남게 된다. 90세 이상의 노인수가 급증해서 가능한 예상. 더군다나 오지의 경우 인구밀도가 너무 낮지 않은가. 90세 이상의 인구급증세 대비 0세 이상의 젊은동력은 계속 하락세를 유지하고 있다.

　　결국, 괜찮다 싶은 지역은 잠재력이 높은 곳으로, 노동인구와 노인인구의 조화가 잘 이루어져 있다. 마치 국토의 균형발전과 같이 인구의 조화가 잘 이루어져있다. 중요한 점은, 장수시대에 맞게 노동인구 중 노인인구도 급증세라는 사실이다. 인력이 곧 잠재력의 표상. 노인을 무조건적으로 무시할 건 아니다. 일하는 노인이 장기간 놀고 먹는 젊은인구를 압도할 지경이다. 그 능력이 곧 지역 잠재력으로 승화되는 것 아닌가. 지역경제를 책임지는 노인인구가 급증할 수도 있다고 본다.

땅의 맹점을 잘 안다. 장점만 보지 않는다.
장점의 수가 더 많다는 사실을 인지한다.
단점 없는 땅이 없다는 사실도 잘 알고 있다. 하수는 완전무결한 땅을 바란다.
투자를 못하는 이유다. 완벽한 땅이 없기 때문이다.

——————

99

Chapter 05

부동산 매입, 머리(지식)로 하지 말고
가슴(지혜)으로 하라

부동산 매입, 머리(지식)로 하지 말고 가슴(지혜)으로 하라

성공한 땅 투자자의 특징 중 하나. '사람'을 잘 만났다.
사람이 거의 전부라 할 정도다. 좋은 사람과 나쁜 사람 구분하는 능력이 뛰어나다.
좋은 땅과 나쁜 땅을 구분할 만한 판단력과 변별력이 뛰어난 양 말이다.

부동산 성공의 재료들

부동산 투자의 성공을 위해선 부동산(종목마다 차이가 있을 수 있지만)의 핵심사안(부동산의 급소)에 집중하지 않으면 안 된다. 실수를 대폭 줄이기 위해서다. 그러나 부동산의 핵심사안은 다양하지 않다. 마치 우리 몸의 급소가 비급소 부위 대비 많지 않은 양 말이다. 부동산의 경우, 종목별 개별적으로 차이점이 있을 수 있지만 그 급소 수는 별로 많지 않다. 부동산 급소와 더불어 부동산 성공의 재료(열쇠, 키워드) 역시 그다지 많지 않은 상황. 많다면 성공자가 다양해야 하건만 현실은 다르다. 주변 사람들을 보면(예-투자자) 부동산 투자에 대한 만족도가 그다지 높지 않다. 이는 개인적으로 경제사정과 그릇(사고) 크기가 달라서 일 거다.

결국, 재력의 재료나 부동산 급소나 매일반이다. 부동산 급소를 십분 활용할 수 있는 능력자가 바로 성공자인 것이다. 요는, 성공 재료 중 하나가 바로 부동산의 급소이다. 급소 찾는 방법을 잘 인지하기 위해 우리는 매일 부동산 공부하는 것이다. 성공의 재료가 돈과 로비인 자가 있는가 하면 부동산(땅)의 성질(잠재성)을 성공의 방향+지표로 삼는 자도 있을 것이다. 두 가지로 생각이 달라진다. 갈린다. 성공자와 실패자로 갈리는 직접적인 근원적 연유가 될 줄 안다.

성공의 3대 조건(만남의 연속)

1. 좋은 사람을 만나야 한다. 나쁜 사람 만나면 실패율이 높아질 수밖에 없어서다.

2. 좋은 부동산을 만나야 한다. 의식주 중 주가 곧 집 아닌가. 부동산 개발 시 주거지 중심으로 개발한다.

3. 좋은 직장을 만나야 한다. 단, 좋은 직업은 좋은 직장과 다른 법. 좋은 직장의 기준이 좋은 사람들이 모인 공간이므로.

대한민국의 부자들의 3대 특징 − 일단 관계형성도가 지나치다 싶을 정도로 높다.

1. 부동산 투자 경험이 풍부하다. 부동산 고수다. 부동산 하수가 아니다.

2. 풍족한 경험으로 말미암아 자신감이 넘쳐난다. 성격의 범위가 넓고 다양하다. 성격의 고수다. 사람 심리를 진단할 수 있다. 사람 볼 줄 안

다.

3. 대인관계가 넓다. 다양한 각도의 인간관계를 맺되 자신보다 상황과 처지가 못한 경우의 사람들과는 대화조차 나누지 않는다. 진보, 진일보 할 수밖에 없는 연유다. 인생 고수다.

부동산 팔자가 바뀔 수 있는 (원)동력

땅 살 땐 역시 지목과 용도지역의 성능(능력)에 의존하기보단(예-대지상태, 도시지역) 지목의 위치나 용도지역 위치를 정밀하게 따져보는 게 낫지 않나 싶다. 지목의 위치가 뛰어나다면 지목의 다양화를 바랄 수 있기 때문이다. 예컨대 대지분포도가 넓다든가, 공장용지 등이 넓게 펼쳐져 있을 수 있는 것이다. 용도지역 역시 위치가 탁월하다면 용도지역이 다양할 뿐더러 동시에 도시 및 계획관리지역이 넓게 분포되어 있을 수 있는 것이다. 지목, 용도지역 외에 개발청사진도 땅 투자자에겐 긴요한 항목, 덕목이다. 개발청사진 역시 위치가 중요하다. 접근성이 현저히 낮은 곳에 개발의 그림을 그린다면 개발의 타당성에 문제점이 노출될 수 있다. 땅 투자자는 지목, 용도, 개발계획도 등의 일면만 볼 게 아니라, 그 이면에 깊숙이 숨겨져 있는 경우의 수도 견지하지 않으면 안 될 것이다. 즉 지목, 용도, 개발지 위치가 땅의 미래의 주요변수가 될 수 있는 것이다. 위치가 좋다면 접근성이 빼어날 수밖에 없다. 접근성이 높다는 말은, 언제 어느 때라도 다양한 인구가 유입할 수 있다는 것이다.

부동산의 위치가 곧 미래다. 부동산 신분(팔자)을 바꿔놓을 만하다. 덩달아 사람에게도 신분상승의 기회가 주어지는 것이다. 개발청사진의 위치가 탁월한 곳의 특징은, 땅의 (미개발지의) 용도지역 및 지목의 위치 역시 탁월하다는 것이다. 접근성이 높다. 지목의 위치가 탁월한 곳의 특징은, 현장감이 높다는 것이다. 지목변경한 땅이 다양하게 분포되어 있기 때문이다. 용도지역의 위치가 탁월한 곳의 특징은, 도시지역 일반 및 준주거지역이 다수 분포되었거나 계획관리지역이 다수 분포되어 있을 수 있다는 것이다. 용도변경과정을 거친 땅 역시 다양하게 분포되어 있을 가능성이 높다. 땅 팔자 도로가 바꾼다는 격언이 있지만, 도로 위치가 시원치 않다면 그 도로는 별 볼일 없는 무가치한 도로일 것이다. 존재가치가 낮아 장래 잠재력을 기대할 만한 도로가 아닌 것이다. '도로'는 하드웨어상태지만 '위치'는 소프트웨어상태인 것이다. 도로를 부동산의 생명이라고 하지만, 도로의 생명력을 지속, 발휘시키는 역할은 '위치'이다. 부동산의 위치가 사람(부동산주인과 예비 부동산주인인 투자예정자)과 부동산 팔자를 바꾸어 놓는다.

과시 싼 땅이 존재할까?

과연 '싼 땅'이 존재할까(외형적으로 볼 때는 비싼 땅 대비 싼 땅의 종류는 그 수가 너무 많다. 상대적으로 비싼 땅은 많지 않다. 왜? 비싼 땅은 개발가능성이 높은 상태이거나 개발된 상태이므로. 개발가능성이 농후한 땅이 쌀 리는 만무+개발가능성이 높은 땅값이 싸다면 십중팔구 하자가 한 두가지가 있을 것이다).

필자 생각엔 현실적으로 (가격구도를 단순화 한다면) 싼 땅이 존재할 수 없다고 본다. 왜냐, 평당(3.3제곱미터당) 1만 원짜리 땅이 존재하나, 존재감이 지극히 낮아서다. 존재감을 논하지 않은 채 가격을 논하기는 무리다. 1만 원짜리 땅의 존재감은 거반 0(존재감이 0이라는 말은 관심도가 거반 0이라는 의미일 것이다). 누가 봐도 여지없이 '1만 원' 자체는 싸나, 결과적으로 정밀하게 접근 했을 땐 싼 게 아니다. '가치'를 정밀하게 저울질할만한 과정이 긴요한 지경 아닌가. 과정 없는, 여정 없는 가격은 무의미하다. 투자자가 오판하기에 십상이다. 가격 정하는 자체가 무의미하다. 성의 없다. 감정평가기준 자체도 없다. 존재가치와 가격은 정비례하지 않는가.

'가격' 자체로 모든 사안(원안)을 해결하려는, 해법을 모색하고자 한다면 무리. 무리수다. 부정확할 수 있어서다. 정확도가 높다면 기적이다.

미래가 절대적으로 불확실한 지경에 놓인 땅값 1만 원에 무슨 수(의미)가 있겠는가. 유리하지 않은 편이다. 불리하다. 무리다. 정황 자체가 무모할 수 있기 때문에 하는 말. 2008년에 출간한 필자 책 '1000만 원으로 독하게 시작하는 땅투자'를 읽고 많은 사람들이 관심 갖고 대다수 소액투자자가 연락한 바 있다. 그렇지만 보유의 의미로 평당(3.3제곱미터당) 1만 원에 땅을 구입하는 사람은 흔치 않다. 거반 투자자라는 의미다. 그렇기 때문에 가치 즉, 잠재가치를 우선시 하지 않으면 안 된다. 존재가치가 반드시 잠재가치와 정비례하는 건 아니나, 존재가치를 눈여겨 보지 않고 무조건 1만 원에 일방적으로 지배 받는 스타일은 보기 좋지 않다. 적지만 보유세를 내면 억울하지 않은가. 땅 관련 세금 역시 무의미. 개별적으로 말이다. 물건지 존재가치와 세금 크기는 정비례해서다. 존재하지 않으면 세금은 없다. 존재하지 않는다. 형식적이다. 가식적이다.

(영원히 변할 수 없는) 대한민국 국토의 특질 중 하나 – '싼 땅의 수 〉 비싼 땅의 수'(역시 개발 공간보다 미개발 공간이 훨씬 많은 상황이므로. 존재감 높은 땅보다 존재감 낮은 땅이 훨씬 많은 지경)

요는, '싼 땅'이라는 말보단 '존재감 낮은 땅'이라고 표현하는 게 현실적으로 온당하다고 본다. 수많은 투자자 입장에서 오판의 수를 줄이는 방편 아닐까 싶어서다.

비싼 땅은 어떤가. 과시 비싼 땅은 존재하는가. 가성비(가격 수준 대비 성능의 강도)가 문제다. 터무니 없는 가성비가 존속한 상태(비현실적인 상황)

라면 터무니 없이 비싼 땅이 존재할 수밖에 없다. 가성비를 무시한 채 가격을 일방적으로 정한 상태라면 그건 십중팔구 거품가격과 다를 바 없다.

아파트와 페니스의 공통점 - 수축과 이완과정을 수시로 반복적으로 밟는다. 가격과 크기가 커졌다 작아졌다를 반복한다. 주변 여건과 분위기에 따라 흥분한다면 이해관계자와 당사자 물건은 기세등등할 것이다.

부동산 가격의 성질 - 가치를 통해 분석한다.

부동산 가치의 성질 - 투자가치와 실수요가치를 분석한다.

가격이 커졌다 작아졌다, 반복현상이 자주 발생한다(예-아파트 시장). 그러나 가치는 다른 성질. 부동산 가치는 항시 반드시 투자가치와 실수요가치로 대별하기 때문이다. 그것을 제대로 인지, 발견하지 못해서 문제인 것이다.

땅값(싼 곳과 비싼 곳)의 특징("길을 모르면 가지 마라")

부동산 매수하기 전에 부동산의 기본 모토인 땅의 성질(잠재성)과 집의 성격(편익성) 차를 극복하지 못하면 안 된다. 모르면 안 된다. 언제나 그렇듯 집과 땅은 극과 극을 달리고 있기 때문이다.

국토는 땅(원형지)과 집(주거지)이 대부분을 차지하고 있다. 누구나 만나기 쉬운 구조다. 상업지 대비 넓다. 광범위하여 상업지보다 희소가치를 저울질 하기 쉽지 않다. 유동인구 집중도를 관철해야 하는 상업지역 대비 주거지역은 삶의 질을 관철하여야 하기 때문이다. 유동인구 상황은 단기간 내에 알아볼 수 있으나 삶의 질적가치를 저울질하는 과정은 단기간 내에 이루어지지 않는다. 마치 사람의 성격(예-잠재성)을 단기간 내 알아볼 수 없는 것처럼 말이다.

집값 싼 곳의 특징(수도권의 경우)

1. 급매물일 가능성이 높다. 부동산주인이 하우스푸어일 가능성이 높다. 빚더미, 빚부담에 일상생활이 버거울 수 있어서다. 전세입자 대비 월세입자 모집 중. 모집이 버거워 리스크가 크다. 은행이자 대비 수익률이 형편없기 때문이다. 가계부채 증가속도가 무섭다. 그 속도는 국가도 못 잡는다.

2. 접근성과 현장감이 떨어질 리는 만무하다(도로 및 철도의 다양성 때문). 가격이 저렴하다고 해서 집 가치가 떨어진다고 확언할 수 없다.

땅값 싼 곳의 특징(비수도권인 경우)

1. 접근성이 낮은 편이다

2. 현장감 역시 마찬가지 입지

3. 수도권은 그 반대. 때문에 실수요 및 투자자가 급증세다. 가격반등현상이 쉴 새 없이 벌어지는 직접적인 이유다.

집값 비싼 곳의 특징

1. 신도시 내 아파트

2. 서울특별시 내 아파트

3. 사람이 집중 몰리는 곳의 집 - 떴다방이 집중 몰려 거품가격이 형성된다(예-헌 아파트가 아닌 새 아파트에서 발생+주입).

땅값 비싼 곳의 특징

1. 수도권에 많은 비중을 차지하는 게 현실. 이로 인해 지역감정과 빈익빈부익부현상의 심화를 막을 길 없다.

2. 개발 위치가 탁월하다. 인구쏠림현상의 심화의 직접적인 연유다. 특히 고정 및 주거인구의 증가로 가격폭등현상이 동반된다. 주변 땅 역시 동반상승 중이다. 집값 대비 땅값이 상승하는 범위는 광범위하다. 상대적으로 땅값은 집값에 비해 바닥시세이기 때문이다. 예를 들어 평당(3.3제곱미터당) 5만 원짜리 땅이 2배 오르기 쉽지만 평당 기천 만 원 상당의 집값이 2배 오르기는 거반 불가능하다.

집값구조는 지역구조에 따라 달라진다. 이동한다. 부동산 역사(연령)에 따라 변한다(예-재건축). 땅값구조는 개발계획의 구도에 따라 이동한다(예-역세권 및 항만 개발). 하나 개발 연구과정이 우선이다. 가치 연구와 그 과정이 긴요하다. '가격 연구과정'은 차후 문제인 것이다. 왜냐, 가격은 가치를 반드시 필요로 하지 않더냐. 가치 없는 가격은 없다. 마치 머리 없는 동물 없듯 말이다. 가치가 바로 동물의 머리 위치(역할)인 것. 가격은 큰 가격과 작은 가격으로 구별, 대별한다. 이는 가치가 큰 가치와 작은 가치로 구별되는 과정과 맥을 함께 하는 것이다. 가치가 크다면 거품가격에 주의를 기울일 필요 있다. 거품가격과 (폭등 및) 급등가격과는 전혀 다른 성격을 지니고 있기 때문이다. 거품가격이라는 인식이 들면 매수 전선에 빨간 신호등이 켜지나, 폭등가격의 이미지가 강한 곳엔 투자자와 실수요자가 집중 몰릴 것이다. 즉 거품가격은 가치와 무관하나, 폭등가격은 가치와 정비례한다. 거품가격은 경제이론과 무관하나, 폭등가격은 그 반대. 가격수준이 높지만 지역의 희망이다. 돈 놓고 돈 버는 식으로 움직일 수도 있는 것이다. 개발진행 중인 곳에서 모색할 수 있다.

땅값은 집값 대비 두 가지 '느낌(감)'이 정비례한다. 높은 현장감(가치의 변화)과 빠른 속도감(가격의 변화)이 바로 그것.

땅값이동현상의 연유 – '현장의 변화' '개발계획의 존속 여부' '서류의 변화 및 그 속도(예–용도변환의 속도)'

개발진행속도와 가격상승속도 – 정비례 관계

길(초행길)을 모른 채 운전대를 잡는다면 사고 위험률은 높아만 갈 터. 진행 중 장애물 만나기 십상일 것이다. 악산 만나 허둥댈 수 있다. 길을 모른다는 건 개발의 타당성을 모른다는 의미다. 개발 위치를 모른다는 것이다. 악산을 피할 수 있는 방법을 모른다. 규제 연구과정을 거치지 않아 생긴 화이리라. 길(도로, 접근성)을 모르면 (아예, 애초에) 가지 마라. 후회의 크기를 최소로 만드는 것이 리스크 크기 줄이는 유일한 방도 아니랴.

다양한 땅값상승단계(상승동력)

땅값상승의 재료(원동력)는 다양하다. 집값상승의 재료는 단순하다. 완성물과 미완성물의 차이다. 역시 잠재성과 편익성의 차이인 것이다.

땅값상승단계(집값상승단계는 복잡하지 않다. 개발완료상태이기 때문에 이슈거리가 다양하지 않다)

1. 개발청사진 발표 즈음 상승한다. 개발계획에 의거해 움직인다. 이동중이다.

2. 새로운 건축물들이 입성할 때 가격변화현상을 발견할 수 있다.

3. 인구 입성 시에도 가격이 이동한다.

용도변경 통해 가격이 이동하고 상업시설물 등 시설물들이 입성하면서 가격의 폭등단계를 마구 밟는다. 곧이어 젊은 고정인구가 증가하면서 본격적으로 시세가 형성된다. 실수요자의 질적가치가 곧 투자가치다. 인구 따라 투자자가 발현, 새로 속출하므로. 비어 있는 다양한 건축물들을 보고 투자하는 것보다 한결 낫다고 보기 때문이다.

기본과 원칙에 따라 투자의 단계를 밟는다면(수익률은 떨어지지만) 안전한 이유 – 법률 앞에선 생각의 차이가 통용될 수 없으므로.

부동산의 실수요자는 역시 상수(고정적인 상황+장기간의 약속인 법률 등)에 투자하는 것이지만 투자자는 변수에 투자하는 모형.

생각의 차이의 존속 여부 – 변수(단발성)에만 허용된다. 상수(굳은 약속으로, 장기간 유지할 수 있다)엔 없다. 사견이 들어갈 수 없는 구조다.

변수의 실례 – 개발계획(미래)

상수의 실례 – 부동산에 대한 법률, 원칙(현재라는 대형 공간)

땅값은 변수가 많다. 많을 수밖에 없는 가격구조를 유지한다. 영원한 부동산 구도 때문. 용도와 지목 따라 부동산 구도가 그려진다. 대지 옆엔 농지가, 도시지역 옆엔 비도시지역인 관리지역이 공존 중이다. 작은 부동산과 큰 부동산이 공존한다. 키 큰 건물 옆에 작은 건물이 존속+기생한다. 키 큰 부동산의 명예(위상)에 가려 그 가치가 축소될 수 있지만 그 반대의 경우도 있을 수 있다. 원님 덕에 나팔 부는 격이다. 다만, 새 부동산(큰 부동산) 옆의 헌 부동산(작은 부동산)은 악영향을 받을 수 있다. 상대적으로 비교대상이 될 수 있기 때문이다. 물리적(예-일조권 침해 여부)으로나, 경제적 가치 면에서 말이다. 그러나 땅 주인 입장에서 땅을 기회의 공간으로 여길 수 있다. 주변 변수(주변 가격 등)에 따라 내 땅을 임의로 가격책정을 할 수 있기 때문이다. 집값은 가격기준선(예-분양가상한제)이 존재하나, 땅값은 그 기준선이 존재할 수 없다. 역시 임의로 지주가 가격을 창조+창출할 수 있는 것이다.

땅값이 집값 대비 폭등이 가능한 이유는 두 가지로 점철된다. 다양한 상승단계를 밟을 수 있고 바닥시세의 땅들이 다양하게 분포되어 있기 때문이다. 평당(3.3제곱미터당) 2천 만원을 호가하는 아파트가 4천 만 원으로 전격 격상하는 예보단 평당 10만 원을 웃도는 땅이 20만 원으로 진보하는 경우가 많다. 비도시지역의 땅이 옆의 도시지역 변화상황(변수)에 따라 변할 수 있다. 이 때 땅 주인 입장에선 가격상승의 명분을 임의로 만들 수 있다. 부동산의 연계성을 강조할 수 있는 것이다. 이런 측면에서 집은 탁월한 현장감이 장점이 될 터이고 땅은 탁월한 잠재력이 강점으로 비화될 줄 안다.

부동산의 질적가치와 양적가치

부동산과 마찬가지로 종교를 가지고 있는 사람에 한해 종교도 '재테크'가 될 수 있다고 본다. 종교와 부동산 보유 목적은 거의 같아서 하는 말이다. 행복감에 관한 만족감의 극대화가 인간의 궁극적 목표 아닌가. 불행 방지용으로 각자 적극 활용 중인 것이다. 곧 종교의 상용+부동산의 선용의 결과물인 것이리라. 종교든 부동산이든 인간이 이를 악용하면 결과에 대한 만족감은 결코 클 수 없으리라 본다. 패악의 길을 걸을 게 분명하므로. 돈, 종교, 부동산은 무조건 선용 대상이다.

꼼수는 절대 안 통한다. 언제나 그렇듯 최종적으로 꼼수는 진리 앞에 대패하고만다.

(1) 신에게 바치는 귀한 예물

(2) 인간에게 줄 수 있는 귀한(?) 뇌물

하나 (1)의 경우, 잠재력에 관한 기대감은 증폭될 것이다. '자연(거의 神의 의미) 사랑'도 재테크다. 금수강산도 재테크 대상이 될 수 있다. 삶의 질을 높일 수 있는 것이다. 행복의 극대화를 적극 바라는 입장이다. 전원생활을 바라는 인구가 급증하는 이유가 무엇인가. 건강도 재테크다. 부동산과 종교에 관심을 크게 갖는 건 정신적으로나 육체적으로 건강한 삶을 영위하기 위한 것이라서 하는 말이다. 종교를 보지하고 부동산을 보유하는 이유는 행복의 극대화다. 이는 영원한 목표, 변할 수 없는 진리다. 장수시대, 재테크는 필수덕목이다. 재테크할 연령대도 광범위하다. 투자종목이 수적으로 줄어드는 대신 양적으로 수명은 늘어나는 판국이다. 차제에 복부인 기준도 변하지 않으면 안 될 것이다. 복부인은 복 많은 부인으로 관철, 압축된다(복부인은 부동산 중개업소를 가리키는 복덕방에서 파생된 어휘). 그러나 여전히 이미지 안 좋은 단어로 부각 중이다. 복부인은 부동산을 잘 만난 복 많은 여성(부인)이요 복부인 만난 남자(남편) 역시 복 많은 자이다. 부동산은 복의 근원이다. 악의 근원이 될 수 없다.

부동산을 무조건 많이 보유하고 있다고 좋은 건 아니다. 다주택자

중(아파트의 경우) 정부 정책에 일희일비하는 경우가 많다. 작금은 아파트 폭등시대가 아니라서다. 아파트 동시분양제도가 13차에서 도중 하차하면서 아파트 태풍시대는 종말을 고했다. 좋았던 분위기가 저물기 시작한 것이다. 질적가치를 따질 필요가 없다. 그럴 여유가 사라진 것이다. 의식주가 변한다. 브랜드 가치 따라 옷을 입는다. 음식 질도 마찬가지다. "많이 먹었니?"보단 "맛있게 먹었니?"라는 질문을 한다. 여유가 생겼다. 질적가치의 중요성을 따질 만한 여유 말이다. 당뇨병 환자가 늘어나는 추세다. 건강에 신경 쓴다. 소식한다. 소형부동산이 대세다. 1인 가구 급증세와 관련 있다. 식(食)과 마찬가지로 주(住) 역시 동일수준의 질문을 한다. 많이 가지고 있는 것보단 좋은 것 하나를 가지고 있는 게 효율적이다. 진보적+실용적이다. 부동산을 많이 가지고 있다면 환금성에 문제점이 발생할 수 있다. 가지 많은 나무 바람 잘 날 없다. 지역과 접근성에 따라, 그리고 거품가격에 따라 변수가 만연하는 입장 아닌가. 유전자가 동일한 인간이 없듯 세포가 동일한 부동산 역시 존재할 수 없다. 환금성 수준이 다른 연유다.

바야흐로 양적가치 대비 질적가치에 전념하지 않으면 안 될 것이다. 젊은인구가 급증하는 곳에 관심 두는 것이나 동일수준이리라. 과거 부동산 부흥시대엔 환금성이 높았다. 그 덕에 묻지 마 투자도 성행한 게 사실이다. 그러나 지금은 사정이 다르다. 질적가치에 승부수를 던진다. 많이 가지고 있다고, 큰 부동산 가지고 있다고 무조건 자랑만

할 건 아니다. 많이 먹는다면 비만(거품)에 시달려 당뇨병, 고혈압에 일
방적으로 지배 받는다. 성인병의 갑질에 삶의 질이 추락한다. 건강을
장기간 유지하기 위해 부동산 재테크하는 것 아닌가. 부와 명예, 가난
과 질병이 공존 중이지 않은가(돈 모자라 제 때 병 치료 못한 빈자가 많다). 개별
적으로 보물(부동산의 질적가치에 주안점을 둔다)이 애물(부동산의 양적가치에 주안
점을 둔다)로 변질되어 한 지역에 장기간 잔존하는 경우의 수도 있어 주
의가 요망된다. 과거 대비 지금은 부동산의 질적가치와 양적가치는 비
교대상이 될 수 없다. 그건 소모전에 불과하기 때문이다.

땅 투자가치의 시금석

　과거 처녀들 시집 가는 방법은 단순한 편이었던 것 같다. 신랑 얼굴
안 보고 부모님이 정한 예비 배우자와 무조건 결혼 했으니 말이다. 자
식 입장에선 수동적 자세를 취할 수밖에 없었던 것이다. 과거 사람은
정보 부재시대에 살았다. 과거 땅 투자자 투자 방법은 어땠나. 현장 안
가고 컨설턴트가 결정한 땅에 골인, 올인했다. 컨설턴트 설명만 듣고
무조건 계약했다. 부정확한 방도로 정보(의 발자취)를 밟았다. 개발청사
진만 듣고 사인을 한 것이다. 수동적인 자세를 취했다. 주마간산 식으
로 땅을 접근했다. 대운에 미래를 맡긴 것이다. 땅의 정황을 많은 시간

이 흐른 후 알 수 있었던 게 사실. 현장답사과정을 밟는 이유가 무엇인가. 내 땅의 위치를 제대로 정확하게 확인하는 것이다. 더불어 내 땅의 미래 즉, 잠재력 확인 과정을 거친다. 내 땅만 보면 안 된다. 현장을 통해 미래를 예측한다. 그러나 그게 힘들다. 개발청사진에 지배를 받는 구조라서다. 내 땅을 향해 달리는 도로의 형태가 곧 미래인 것이다. 개발계획도는 도로와 정비례한다. 요는, 위치가 곧 도로요 개발이 곧 위치인 것이다. 접근성 점검과정이 곧 현장답사의 이유인 것이리라. 내 땅 자체에 모든 걸 걸면 절대 땅 투자 못한다. 큰 의미를 부여할 이유가 없다. 왜냐, 땅은 무기체이므로. 미완성물이다. 동물로 치면 미물에 불과하다. 큰 의미 없다. 주변 변수에 의존도가 높아서 하는 말이다. 주변의 지상물 구조에 의존할 수밖에 없는 것이다. 더 나아가 인구구조에 의존하는 것이다. 개발사안이 개발위치와 정비례 관계인 양 인구구조는 땅값구조와 정비례한다. 역시 사람이 곧 돈인 것이다. 이 또한 거역할 수 없는 부동산 진리다. 지상물이 곧 물질(돈)은 아닌 법. 비어 있는 건축물은 거의 무용지물 아닌가. 이를 통해 진리의 냄새를 도통 맡을 길 없다.

우리나라 땅값구조의 특징 - 피라미드 모형(비싼 땅-극소수, 싼 땅-다수 차지. 역시 개발지역 면적 대비 미개발공간이 훨씬 많은 형태를 계속 유지할 수밖에 없어서다)

부자와 빈자의 구도 - 역시 피라미드 모드를 취한다. 부자1%의 부동산 보유 범위가 거반 60%. 꾸준히 유지하고 있다. 이 구조는 쉽게 흔들리지 않는다. 그들이 부동산을 지배하는 구조다. 피라미드는 무너지기 쉽지 않은 구조로 이루어져있다. 대한민국 부동산 부자의 원조는 땅부자다. 1970년도 땅값상승률은 가히 폭발적이다. 40%대를 육박하는 땅값상승률에 땅 졸부가 적잖았다. 지금은 물론, 그 정도로 부흥하지는 않으나 소액으로 한 번 움직일 만하다. 내 집 마련 포기자가 기하급수적으로 급증하는 상황에 직면하여 내 땅 마련에 관심 많은 사람들 역시 적잖다. 다양한 각도의 땅 고유의 성질 때문일 것이다.

아파트, 상가 등은 공급과잉현상이 존속한다. 입체적인 구조라서다. 재차 강조하지만 땅은 공급과잉의 대상이 될 수 없는 구조다. 땅은 거반 대자연의 상황 아닌가. 존재성과 잠재성의 대상물이 바로 미완성물인 땅인 것이다. 집과 상가는 잠재성의 대상물이 아니다. 시간과 세월이 흐를수록 하드웨어가 낡고 볼품 없게 변한다. 활용도가 낮다. 버림 받는다. 땅은 정반대다. 세월이 곧 희망의 보약, 그 이상을 기대할 만하다. 행운도 따른다. 내 땅 인근에 신도시 개발계획 및 택지개발 소문이 돈다면 돈이 도는 순간을 맞을 것이다. 평당(3.3제곱미터당) 1만 원짜리 땅도 2배 이상 폭등한다. 땅은 세월이 흐를수록 가치가 높아진다. 평면적 성향을 지녀서다. 주변 지상물의 영향력이 크다. 1인가구가 급증하자 집 개념이 무개념으로 돌변하고 있다. 전세가격수준이 여전히 무시무시한 수준. 집값수준과 동일수준을 유지 중이다. 더불어 직주근접형 부동산이 대세다. 그 인기와 관심도가 높다. 그 이유가 뭘까. '공장(공업지역) 및 아파트(주거지역)' 의 다양화(다용도, 다중화의 대중화). 공장의 고정인구와 아파트의 주거인구는 불가분의 관계 선상에 놓여 있다해도 과언이 아니다.

예) 아파트형공장(지식산업센터) 및 공장용아파트 증가세

그러나 장수 및 전원시대, 전원형아파트와 전원형공장은 상이하다. 차별된다. 전원형아파트는 존재하나, 전원형공장은 존재하지 않아서다. 오폐수 등 환경오염의 우려가 크다.

부동산 가치의 기준(地上物 〈人物)

라면이 오를 예정이라는 뉴스가 나돌자 라면 사재기가 극성인 적이 있었다. 가격이 오른다는 정보 때문이다. 사재기 현상은 라면에서만 발생하지 않는다. 부동산 사재기도 일어날 수 있다. 권력을 손에 쥐고 있는 자 중 정보를 악용하는 사람이 있다. 개발정보를 통해 미리 대형토지를 마구 매수하는 바람에 그 일대가 투자열풍이 대거 분다. 실수요자 대비 투기 바람이 대거 분다. 실수요자 대비 가수요자만 들끓어서다. 유명한 사람이 입성했다는 뉴스에 땅 떴다방이 기생한다. 물론, 하수들도 몰린다. 당연히 비정상적인 가격(거품가격)이 형성될 수밖에 없다. 거품에 희생당하는 건 하수들이다. 정보의 정도 차이, 격차가 크

다.

라면과 땅의 차이점

라면 - 가격상승정보에 의해 사재기가 만연. 서민이 움직인다. 라면 주인 대부분이 서민층일 것이다.

땅 - 가치상승정보에 의거해 사재기가 발생한다. 권력자들이 움직인다. 땅주인 대부분이 힘 있는 권력자들이다. 서민은 권력자의 먹잇 감. 권력자들 움직임에 수동적으로 움직이니 말이다.

땅 가격 결정권자 - 지역중개업자와 지주

땅 가치 결정권자 - 국가와 지자체가 결정권을 쥐고 있다. 주민이 쥐고 있지 않다. 동네 이장만의 정보 역시 지자체 통해 습득, 입수절차를 거칠게 밟은 산물 중 하나. 물론, 땅 가치(미래)를 자신의 시각으로 분석하는 경우도 있지만 말이다.

땅 가치의 종류는 적지만 땅 가격의 종류는 다양하다. 부동산 개발의 종류는 적지만 부동산 가격은 다양한 모형으로 분출할 수 있는 것이다. 땅 가치는 잠재가치와 희소가치로 점철되고(잠재가치와 희소가치는 정비례) 땅 가격은 평당(3.3제곱미터당) 900원이거나 평당 수 백만원을 호가하는 경우도 있는 법. 지주가 임의로 만든다(가치 창조자는 국가와 지자체이나, 가격 창조자는 지주이다).

땅은 부동산 중 기대폭이 가장 크고 넓은 재목이다. 상승폭이 높아서다. 그만큼 바닥시세의 땅이 무성하다는 증거다. 개발지 인근 미개발지 가격은 바닥시세다. 그러나 희망이 전혀 없는 건 아니다. 부동산의 접근성과 연계성, 인접성을 무시할 건 아니다. 간접영향권에 들어서 가격이 폭등, 급등하는 경우도 있는 법이니까. 가치 높은 땅 옆(작은 공간)엔 가치 낮은 땅(광활한 면적)이 존속 중이다. 자연의 구조이다. 자연의 섭리다(국토 공간은 대자연 중심이다. 규제가 존속하는 이유다. 개발을 하되 대자연을 파괴하는 정도+면적을 팍 줄이라는 취지). 국토 현황은 늘 가치가 낮은 땅보다 가치 높은 땅이 훨씬 적은 상황이다. 희소가치 높은 상황의 땅을 모색하는 게 중차대한 것이다. 역시 개발공간 대비 미개발 공간이 훨씬 많은 지경이(라서)다. 가격이 비싼 땅보다 가격이 싼 땅이 훨씬 많은 이유다. 이참에 개발의 가치를 저울질 할 만한 자신 만의 단단한 기준이 긴요한 지경.

개발의 성공여부(를 저울질 할만한 요소)

1. **인구의 활동량**(다양성)

2. **젊은인구의 증가세**

3. **고정인구 대비 고용인구 수**(산업단지 공존 여부)

4. **수요인구 증감상태**(다양한 상업지역 공존 여부)

5. **대도시와의 접근성**(예-도로와 철도)

요는, 다양한 건축물구조보단 다양한 각도의 인구구조가 더 중요한 것이다. 개발의 효용가치 역시 '인구의 가치'인 것.

가장 강력한 규제 수위

부동산은 개발 대상이 될 수 있지만 규제의 대상이 되기도 한다. 한 지역의 개발 대상지 전체가 개발되는 경우는 없기 때문이다.

규제의 의미는, 보호와 보존가치 존속과 더불어, 개발 범위보단 녹 지공간 확보량이 더 많다는 뜻. 땅은 개발 정도와 규제 정도에 따라 가 치가 달라진다. 변동한다. 규제 강도에 따라 가치는 천차만별이다. 강 도가 가장 높은 규제는, 접근성과 연계성을 상실한 절망적인 맹지 상 황이다. 이는 그린벨트와 같은 규제 강도보다 더 높은 상태인 것이다. 왜냐, 길 확보가 잘 된 상황에선 그린벨트 규제 강도가 크지 않아서다. 요는, 공간 확보율 0%의 땅은 존재하지 않는다는 것이다. 건폐율과 용 적률이 없는 땅은 존재할 수 없기 때문이다. 인구5만 명 이하 중소도 시에도 상업 및 업무지역이 존재하나, 접근도에 문제점이 있다면 상업 지역 가치는 낮아질 수밖에 없다. 고정인구 유입이 수월치 않아 전출 인구가 늘 수 있기 때문이다. 즉 가수요자가 실수요자보다 더 많은 상 황이 나타날 수도 있다는 말이다. 접근성이 낮다보니 주변의 희망적인 맹지(접근이 수월한 맹지)가 그다지 많지 않을 수 있다는 것이다.

규제 범위는 개발 범주 못지않은 주요사안. 규제 없는 땅은 존재할 수 없기 때문이다. 규제 수위, 정도가 문제인 것이다. 길 확보를 상실 한 용도지역은 불안하다. 자치단체가 까다로운 조례, 자주법을 자주 내세울 수 있기 때문이다. 절망적인 맹지를 판매하면서도 큰 소리 치는 업자도 있다. 차후 개발 할 때 혹은 개발 전에 길을 닦아주겠다는 공약을 하는 것이다.

군사시설보호구역 땅이라도 길 확보가 된 상황이라면 기대감을 가질 수 있다. 그러나 절망적인 땅, 접근이 힘겨운 상태의 땅은 군사시설보호구역의 규제보다 강도가 더 높은 땅인 것이다. 기대감을 가질 수 없다. 기회가 없다. 기획을 조성할 수 없는 지경이다. 결국, 땅은 용도보단 접근 정도에 신경 써야 하는 것이다. 토지이용계획확인서보다 지적도가 더 중요하고, 브리핑 내역보단 현장상황이 더 중요한 이유다.

땅투자 성공을 위한 두 가지 전제조건

땅투자 성공자가 많지 않은 이유가 뭘까. 착각이 심해서가 아닐까? 만족스러움과 기본을 지키지 못한 탓이리라. 땅투자 성공을 위해선 두 가지 전제조건을 반드시 수호해야 할 줄 안다.

'기본수호+만족을 잘 알고자 하는 노력과 열정(목표점을 자신의 처지와 환경에 맞게 정함)'

기본수호는 다름 아닌, 접근성과 연계성 우선주의. 즉 용도 및 지목보다는 도로상황에 집중하지 않으면 안 된다. 어떤 사람은 '지목이 농지인데 왜 비싼 거지요?' 라는 우문을 던진다. '접근성 공부'가 미진한 상태에서 던진 질문이다. 접근성과 연계성을 체크하기 위한 방법은 무엇일까. 현장답사 이전에 체크한다. 토지이용계획확인서보단 지적 및 임야도를 통해 내 땅 주변을 정독한다. 내 땅 주변의 지목 상황을 체크한다. 지목 분포도가 다양하다면 현장 분위기가 좋아 현장감이 뛰어날 것이다. 예컨대 내 땅(농지) 주변에 대지가 다양하게 분포되어 있거나 공장용지, 창고 등으로 도배, 도포되어 있다면 고무적. 희망적이다. 그렇지만 지목이 단순하다면 현장감이 떨어질 것이다. 접근성이 떨어질 것이다.

예) 넓은 임야로만 뒤덮인 곳(분할 경험이 전혀 없는 곳으로, 대형임야로 뒤덮여 개발에 무리수가 뒤따른다)

현지답사 이전에 위성사진을 분석하는, 위성사진에 집중하는 사람이 있는 데 이건 큰 착각이다. 위성사진이 완벽하다는 생각은 오산이다. 위성지도는 현장 분위기를 체크하기보단, 지적도를 통해 알아보는 과정을 밟는 게 현실성 있다. 지적도가 정확성이나 명확성, 그리고 형평성을 한층 높일 수 있는 수단이 될 수 있기 때문이다. 내 땅 지목이 중요한 게 아니라 내 땅 주변의 지목분포도가 중요하다.

땅은 기회가 많은, 잠재력 높은 재목. 즉 기대감이 높은 부동산이나, 예측과 예상을 피할 수 없는 불규칙한, 불투명한 성질을 지녔다(접근성이 곧 미래인 법). 예상수익률+기대수익률에 대해 정확도를 높이기 위한 방법으로는, 별다른 건 없다. 다만, 목표점을 낮추어, 현실성 있는 움직임을 통해 예측도를 높여야 할 것이다. 예측 정도(수위)가 높으면 성공률이 높아지는 것 아니랴. 투자하기 전에 세운 무리한 목표점이 항시 문젯거리다. 10배의 수익률을 보겠다는 의지는 성공률을 지극히 낮추는 행동. 비현실적이다. 다만, 2배 수익률을 목표로 움직인다면 발걸음이 한결 가벼워 높은 성공률를 바랄 수 있을 것이다. 왜? 목표점을 볼 수 있는 상태 아니랴. 현실성 있는 모양새이기 때문이다. 목표크기를 최소화 하는 이유는, 나중에 기대감 대비 실망감을 줄이기 위한 방편이다. 땅투자는 허무맹랑한 무지개빛 초능력(대운을 바라는, 기적을 바라는 무리한 행위)보단 예리한 통찰력+관찰이 필요하다. 초능력은 사기술 버금가는, 통찰력은 목표점을 볼 수 있는 힘이니까.

땅투자 시 유의할 사항

개발계획에 관한 확실한 진행여부를 해당 자치단체 공무원에게 묻는 건 우문이다. 왜? 그들이 수립한 개발계획에 대해 허투루 대답할 공무원을 없을 테니까. 가격을 해당 지역부동산업자들에게 묻는 것 역시 우문이다. 왜? 지역부동산업자들 간 사전에 가격담합과정을 철두철미하게 밟을 수도 있기 때문이다. 부득불 투자자 본인이 개발의 필요성과 효율성을 철저히 검증하고, 가격 또한 상식적인 가격선을 감정평가 할 수 있는 능력을 배양하는 수밖에 달리 방도가 없다. 개발계획을 총괄, 창궐하는 국토부 등 정부와 국가에게 물어본들, 대통령에게 물어본들, 뚜렷한 해석과 정답을 들을 수는 없을 것이다.

만족도 높은 성공 투자의 5가지 길(요건)

1. 성공사례 제대로 정독하기 – 부동산 성공사례가 난립하고 있어 주의가 요망된다. 과거의 부동산과 작금의 부동산 실태가 확연히 판이해서다. 성공 모드는 부동산 정보로 움직이는 사람과 부동산 고유의 성질에 따라 움직이는 사람으로 나뉜다. 전자는 권력자의 경우이고 후자는 서민 입장일 것이다. 정보의 효용가치는, 활용가치는 그다지 길지 않다. 시간이 생명과 같다. 땅 정보는 시간에 지배를 받는다. 그러나 성질은 다르다. 잠재성은 미래이기 때문이다. 정보는 시간과 정비례 관계. 시간이 흐르면 뉴스에 지나지 않아서다. 잠재성은 뉴스나 뜬소문, 유언비어와 전혀 무관하다. 정보(력) 대비 생명(력)이 강하기 때문이다.

2. 용도를 제대로 정독하기 – 비도시지역은 무조건 타파하는 사람이 있다. 도시지역만 선호하는 사람도 있다. 도시지역 뿐인 서울특별시에 투자자가 집중적으로 몰리는 연유다. 하나 농림지역도 가치가 높을 수

있고 도시지역 가치가 비도시지역 대비 낮을 수도 있다. 전자의 경우는 접근도가 높은 경우이고 후자는 그 반대인 경우다. 희소가치 높은 땅은 지금은 비도시지역의 땅이지만 도시지역으로 변모할 수 있는 땅이다. 위치가 탁월하다면 용도가 금세 변할 수 있다. 가격폭등에 대한 기대감이 높을 것이다. 지구단위계획(용도변환의 강한 원료)은 제1, 2종으로 대별된다. 제1종은 도시지역, 제2종은 비도시지역에 존속 중이다. 즉 비도시지역에서 용도변환사건도 발생할 수 있다는 거증이리라. 역세권이 형성될 지역에서 300m 떨어진 비도시지역과 1km 이상 떨어진 도시지역 땅 중 당신은 어디를 선점할 것인가?(단, 수용범위와 무관한 지경)

3. **개발성향을 제대로 인지하기** - 난개발시대다. 공급과잉시대다. 비어 있는 부동산이 쉽게 발견된다. 지방자치시대, 지방분권화시대에 맞게 위정자 공약이 난발하고 있다. 국가적으로 공사기간이 길어진다. 예산 부족이 문제다. 개별적으로 투자기간이 길어진다. 개인적으로 예산 낭비다. 뭉칫돈을 땅에 장기간 묻는다. 개발의 필요성을 견지하는 방도는 무엇일까. 인구유입이 수월한 곳을 선점하라. 접근도 높은 곳을 선점해야 하는 이유다. 위치가 괜찮다 싶은 곳을 선점하라. 입지가 곧 자연환경이다.

4. **인구분석을 제대로 견지하기** - 괜찮은 입지여건이라면 인구는 자연스럽게 당연히 유입하기 마련이다. 유동인구인 가수요자 대비 실수

요자인 고정 및 주거인구에 신경 쓴다. 주거인구는 대단위 아파트단지에서 분출하고 고정인구는 대규모 다양한 산업단지로부터 분출되는 지경 아니랴.

5. 리스크 크기 줄이기 – 리스크 없는 투자는 없기 때문이다. 역시 완전무결한 부동산은 존재할 수 없다는 것. 개발의 필요성을 제대로 견지한다면 리스크 크기가 자연스럽게 작아질 것이다. 개인적으로 리스크 크기를 줄이고 거품의 양을 줄이는 방향으로 움직여야 할 것이다. 개발지역엔 항시 거품이 주입되기 때문이다. 큰 거품은 위험하지만 작은 거품은 시가와 별반 다르지 않다. 거품수준을 의심하는 일은 하지 않는 편이 낫다. 명품 땅의 특징 중 하나가 바로 비싸다는 점 아닌가. 명품 땅이 의외로 저렴하다면 그것은 십중팔구 짝퉁일 게 분명하리라. 개인적으로 거품 땅과 명품 땅을 구분할 수 있는 능력이 긴요하다.

땅 투자 성공자의 (10가지) 특징

1. 긍정적인 성격으로 (긍정적인 얼굴로) 땅에 접근한다. 집중한다. 다만, 절대 긍정을 타파한다. 왜냐, 부정적인 성격으로 접근하면 땅이 돌로 보이지만 긍정의 힘으로 접근하다 보면 땅이 돈으로 보일 터이니까.

2. 명품부동산에 관한 기준과 나름의 철학을 가지고 있다. 정계약 이후

여러 지인들에게 물어보지 않는 이유다. 하수나 실패자는 비전문가들에게 물어본다. 잘못된 확인절차가 문제다. 착각하기 십상인 까닭이다. 하수는 부동산을 비관하는 데에 집중하는 경우가 태반이다. 비판과 비관의 의미를 모른다.

3. 개발청사진의 색깔(구도)을 잘 견지할 뿐더러 타당성에 예민한 성격을 지녔다. 부화뇌동 하지 않는 이유다. 미풍에 요동하지 않는다. 정부가 집 사라고 부추겨도 요동치 않는다. 투자시점을 자신이 직접 조율한다. 맘의 융화능력과 자제력이 빼어나다.

4. 땅의 성질을 잘 안다. 개별성이나 잠재성 등을 잘 안다. 지상물의 특성도 잘 안다(예-편익 및 편리성). 비교분석할 수 있는 이유다.

5. 아파트와 비교분석할 수 있는 능력이 있다. 아파트의 특징을 잘 알고 있다. 아파트의 특징은 땅 대비 단순구도를 달리니 가능한 일. 하수는 아파트를 투자종목이라고 강조한다. 부화뇌동한다. 전매 통해, 대출경로 밟아 성공 투자를 바란다. 부자 되려다 되려 하우스푸어 되고 만다.

6. 땅의 맹점을 잘 안다. 장점만 보지 않는다. 장점의 수가 더 많다는 사실을 인지한다. 단점 없는 땅이 없다는 사실도 잘 알고 있다. 하수는 완전무결한 땅을 바란다. 투자를 못하는 이유다. 완벽한 땅이 없기 때문이고, 설령 땅을 볼 수 있는 기회가 찾아온다 해도 땅 볼 수 있는 안목이 형편 없다.

7. 땅의 잠재성을 현장과 공부(공적서류)를 통해 인지한다. 인식한다. 일면

만 보지 않는다. 땅은 평면체이므로 일면만 보기 십상이다.

8. 과감한 성격으로 움직인다. 부지런하다. 공부만 하지 않는 연유다. 분석능력이 뛰어나다. 응용력이 빼어나다. 변수를 두려워 하지 않고 변수를 연구한다. 소탐대실하는 일이 없다.

9. 변화와 변질을 구분할 수 있다. 하수는 변질을 변화로 여긴다. 실패할 수밖에 없다. 비만의 하수는 한꺼번에 5Kg의 체중 빼려 하나, 고수는 1Kg씩 다섯 단계를 차분히 밟는다. 갑자기 빼면 목숨을 잃을 수 있다는 사실을 잘 알고 있기 때문이다. 절차를 고수하는 이유다. 단계별로 상승곡선을 타는 게 순리다. 폭등보단 순리를 선택한다. 단 한 차례 폭등하는 것보다 장기간 조금씩 부지런히 오르는 것을 선호한다. 그런 물건을 명품으로 인지, 인정한다. 갑자기 오르는 땅은 금세 그 열기가 식어버린다. 허무하다.

10. 부정+비관 대신 비평 능력이 뛰어나다. 부정적이지 않다. 옳고 그름을 잘 안다. 시시비비를 견지할 수 있다. 개발의 타당성과 그 맥을 잘 짚는 까닭이다.

언론의 힘과 정보의 힘 – 언론의 힘과 정보의 힘은 정비례하기도 하지만, 반비례하기도 한다. 정보 및 소식(작은 정보)의 정확성이 중요한 이유다. 언론 통해 얻을 수 있는 정보(뉴스와 기사 중) 중 정확도 높은 것과 그 반대의 경우가 있다는 사실을 알고 있지만 괜찮은 정보를 입수하기가 생각과 달리 쉽지 않다. 부동산 관련 기획기사의 질적가치를 감지,

견지할 수 있는 능력이 개별적으로 절대로 필요하다. 개발의 필요성을 감지, 강조하는 것 같이 언론의 힘을 가늠할 수 있는 능력이 필요하다. 개발효과를 감지하지 못하면 큰일 치를 공산이 높다. 이를 테면 역세권 효과의 경우 '역과의 거리와 역 주변에 입성할 만한 인구수'를 통해 개발효과를 견지하지 않으면 안 될 것이다. 개발타당성을 모른다면, 무지 속에 빠지면 도탄에 쉽게 빠지기 십상이다. 고정 및 주거인구의 질적가치와 양적가치를 통해 지역 미래를 견지하지 않으면 안 된다. 요즘 많은 사람의 관심 대상인 화성 향남 일대의 경우, 가파른 인구의 증가세가 큰 강점으로 떠오르고 있다. 관내 최고의 인구수를 자랑하는 향남읍이 멀티역사로서의 자격이 충분한 것이다. 개발계획수위보단 인구증가수위를 보고 투자자는 움직여야 할 것이다. 중요한 점은, 젊은인구 수가 기하급수적으로 증가하고 있다는 사실이다. 동탄신도시와 별개로 아파트 투자자도 급증세다. 실수요 겸 투자개념으로 움직이는 것으로 집값이 불안한 서울의 젊은인구가 득세하는 것이다. 하나 예비하우스푸어의 출현이 우려된다. 땅의 경우엔 그럴 우려는 사치. 꾸준한 지가상승의 동력을 기대, 기원하는 입장이므로.

결국, 괜찮다 싶은 투자처는 좋은 입지를 보유하고 있다. 좋은 입지의 재료는, 역세권의 (극대화) 큰 효과인 것이다. 큰 효과의 재료는 거리 및 **인구성적표**(단, 유동인구는 무의미하다. 그런 인구는 실수요가치를 대변하는 입장 아니랴)인 것이다.

세상구조와 부동산구조

세상 구조가 곧 부동산 구조 같다. 배치구조가 비슷하기 때문에 하는 말이다. 극소수의 부자 옆엔 항시 대다수 서민이 존속한다. 서민의 힘으로 대기업이 성장하는 성장동력의 구조가 이 땅의 구조 아닌가. 대기업 옆엔 각양각색의 중소기업과 소기업들이 상존한다. 중소기업 기술을 힘으로 매수하는 대기업도 없는 건 아니다. 돈의 힘이다. 대기업 꿈을 꾸는 중소기업이 많은 이유일 것이다. 극소수의 개발지 인근에 대규모 미개발지(대자연)가 상존한다. 극소수의 마천루 인근엔 대다수의 다양한 작은 건물들이 존속한다. 도시 공간을 채운다. 마천루의 존재가치는 인근의 작은 건물들 때문에 더욱더 높아진다. 돋보인다. 마치 부자의 힘(존재가치)이 대다수 '작은 빈자(서민)'의 존재로 말미암아 더욱더 가속화+커져가는 모습처럼 말이다. 대기업 소유의 땅값과 중소기업 부동산의 가격도 큰 편차가 벌어질 수 있다. 브랜드 값의 차이다. 값이 가치로 인정 받는 구조다. 높은 가격이라면 거품과 무관하게 높은 가치로 여긴다. 인정 받는다.

대도시의 특징 – 반드시 대기업이 입성한다. 대기업이 들어오면서부터 도시가 커지는 구조다.

대도시 땅값 – 오를 수 있는 기회가 적다. 변수가 거의 없는 상태를 유지하기 때문이다. 완성도가 높아서 변수따위에 연연하기 힘든 구조다. 가치를 꾸준히 유지한다.

중소도시 땅값 – 변수가 존속한다. 변수의 다양성에 대한 기대감이 높다. 완성도가 낮다. 그러나 인근 대도시 인구상황에 따라 변화에 대한 기대감이 높은 지경이다. 잠재력을 포기할 수 없는 이유다.

대도시 및 중소도시 기준은 지역면적이 아닌, 지역고정인구일 것이다. 면적만 넓고 사람이 부족하다면 그 지역은 대도시가 절대 될 수 없기 때문이다. 100만 명이 넘는 거대도시 수원의 경우 면적이 좁지만 중소도시라고 말하는 사람은 없다. 다양한 인구가 증가하고 있고 전철 등 교통망이 좋아지고 있는 지역은 대도시다.

단기간 땅값이 오르는 경우 – 가수요자가 집중적으로 몰리는 경우로, 거품이 형성되기에 십상이다. 떴다방이 가세하여 가격에 힘을 보탠다. 가열한다.

장기간 땅값이 오르는 경우 – (각양각색의 다양한) 인구가 꾸준히 증가하는 경우로, 특히 전입인구가 그 지역 희망으로 떠오를 것이다. 거품 대신 시세가 형성되는 데 이는 고정인구의 존속 및 증가의 힘인 것이다. 세상 구조가 다양할 것 같으나 실상 그 면면을 깊게 살펴보면 단순한 편이다. 마찬가지로 부동산도 생각과 다르다. 간편한 편이다. 단순구도를 달린다.

대도시 옆엔 중소도시가 상존한다. 개발지 옆엔 미개발지가 상존하여 비록 작은 규모지만 그 존재성을 (저마다 다른 성질로) 외부로 알린다.

대도시는 중소도시의 자연공간을 의지하고 중소도시는 대도시의 큰 힘(예-기반 및 편익시설의 편익성)을 의지한다. 교통이 편리하기 때문에 의지할 수 있는 것이다. 개발지는 미개발지역의 때묻지 않은 자연공간에 의지하고 미개발지역은 개발공간의 힘(개발의 힘)을 믿는다. 서로 공유하며 지속, 보지한다. 녹지공간 없는 개발은 있을 수 없다. 녹지공간(미개발공간) 전체를 개발하는 경우는 없을 테니까. 중소도시와 접하지 않는 대도시는 없는 법이니까. 인간세상에서 독불장군이 존속할 수 없는 것처럼 부동산세계 역시 독불장군이 통용될 수 없는 것이다. 소통이 필요하다. 대화로 타협점을 찾는 구조다. 오지 인근엔 반드시 광역시나 대도시가 존속한다. 빨대현상이 일어날 수밖에 없는 이유다. 빈부격차가 사라질 수 없는 연유다. 대도시는 더욱더 진보하고 중소도시는 퇴보하는 건 쉽사리 변할 수 없는 부동산 구조 때문이다.

성공한 땅 투자자의 특징

실패한 땅 투자자와 성공한 땅 투자자를 수적으로 정확히 알 수 있는 유일한 길은 현실적으로 존재할 수 없으나 분명한 사실은 만족도 높은 성공자가 그다지 많지 않다는 점이다. 각 개인마다 자신이 만들어놓은 만족도 높은 성공기준에 집중하면 그만이라 본다. 성공의 기준이 개별적으로 상이해서다. 어떤 사람은 4년 동안의 투자기간에 2배 수익률이 발생했지만 나름대로 만족도 높지만 10년 동안 10배 수익을 목격하고도 스스로 만족감을 느끼지 못하는 경우도 있을 수 있다. 10년이란 시간에 대한 하소연 깊이가 깊다. 세월이 약이 아닌 독이라고 애써 주장한다. 땅이 장기투자종목이라는 현실을 인지하면 그만인데 말이다.

성공한 땅 투자자의 특징 중 하나. '사람' 을 잘 만났다. 사람이 거의 전부라 할 정도. 좋은 사람과 나쁜 사람 구분하는 능력이 뛰어나다. 좋은 땅과 나쁜 땅을 구분할 만한 판단력과 변별력이 뛰어난 양 말이다. 우선, 인성이 좋은 컨설턴트를 만났고, 내 땅 인근 지주들 역시 인성이 좋은 사람들로 구성되어 있다. 지주들 양식이 뛰어나다. 내 땅이 진보할 수밖에 없는 연유다. 역시 좋은 사람이 좋은 사람을 알아보는 것이다. 적정한 비평(옳고 그름)을 할 수 있는 긍정인을 만나기는 쉽지 않다. 성공인의 특징은 판단력과 변별력이 뛰어나다는 것이다. 의사나 변호사도 마찬가지 입장 아닌가. 의사, 법조인이 되기 이전에 우선적으로 '사람' 이 되어야 한다. 인성을 완성한 후 목표점 향해 거침 없는 질주(진보)가 허용되는 법이다. 이것이 바로 '순리(진리)' 다. 투자자와 컨설턴트가 되기 이전에 우선적으로 사람이 되지 않으면 안 되는 이유다. 서로 큰 욕심을 무기로 절제(자제력) 없이 일방적으로 전진만 고수한다면 큰 사고에 직면할 수도 있기 때문이다.

성공 투자자는 크기에 연연하거나 모양새에 집착하는 일이 없다. 소모전을 스스로 타파시키기 때문이다. 큰 땅을 작은 땅으로 변경시킬 때, 즉 분할작업에 대해 연구분석하는 입장. 큰 땅을 작은 땅으로 변경할 때 즉, 분할작업 시 땅값은 급등하기 마련 아닌가. 땅만의 고유의 성질을 연구하려는 자가 땅 투자 성공자라 할 수 있겠다.

땅과 집의 차이는, 분할(땅에 대한 최초의 이동사안)과 지분(분할결과 및 과정, 분할 이전의 모드)의 의미 안에서 조율이 가능할 것이다. 지상물의 지분과 조금의 차이는 있을 수 있지만 분할작업은 땅만이 할 수 있는 고유의 역량이다. 분할작업은 개발의 한 축으로, 토지이용과 별개로 토지이동이 가능한 대목. 명분이 강하다. 요컨대, 땅투자를 성공한 사람들은 사람의 성질과 땅 성질을 자세히 정밀하게 알고 있는 것이다. 토지와 주택 모형을 잘 알고 있는 상태다. 주택엔 각종 협회가 존재하지만 토지는 협회가 없다. 설령 만든다 해도 그 성격과 취지가 변질되기 일쑤, 도태되기 십상이다. 가격기준선이 없는 부동산이 땅이요 개별적인 성격 탓에 온전하기 힘든 구조다. 미완성물의 부동산이 땅인지라 개성이 강해 지주의 자기 주장이 강하다. 가격기준선을 부여 받기 힘든 게 바로 땅이라는 재화다. 성공자가 부동산 성질에 매진할 때 실패자는 부동산 가격 깎는데 전념한다. 부동산의 성질은 부동산의 가치를 대변하는 입장인데 말이다.

젊은지역은 이슈화 통해 부동산 환금화 속도를 높인다.
속도를 지속하는 힘이 있기 때문이다.
인구증가세, 증감형태만 보면 실상을 설명, 재해석이 가능할 것이다.
최근까지만 해도, 서울특별시가 대한민국 전도를 대변했으나,
지금은 다르다. 경기도가 대한민국의 힘이다.

99

Chapter

06

부록 | 신뢰도 높은 개발청사진

김현기가 추천하는
경기 및 충청권 10대 유망투자처
———
1 평택 2 화성 3 광주 4 여주 5 김포 6 용인
7 남양주 8 양평 9 당진 10 아산

부록 | 신뢰도 높은 개발청사진

대한민국 국민은 줄고 있으나, 경기도는 예외다.
기하급수적으로 증가할 것이다. 젊어짐으로 꾸준히 투자자가 증가할 것이다.
꾸준히 이어질 것이다. 오지인구는 기하급수적으로 감소하지만 경기지역만은 예외다.
다양한 인구가 몰리는 곳이 경기도다.

경기도 힘이 곧 대한민국의 힘!

경기지역 부동산 가격이 외려 서울 일부지역 분양가를 크게 추월, 초월했다는 소식이 전해진다. 큰 혼란이 예고되는 판세다. 내 집 없는 사람의 입지가 점차 좁아지니 하는 말이다. 경기도 거품이 국가문제로 대두될 날도 머지 않아 보인다. 마치 서울의 부동산 거품이 하늘로 치솟 듯말이다. 경기도의 화력은 시간이 흐를수록 날로 높아지고 있는데 이는 라이벌 경쟁구도의 힘이 날로 커져서 일 수도 있다.

100만 도시 명분을 만드는 지자체가 한둘이 아니다. 계획인구가 100만 명이다. 거품속도가 지속될 수록 젊은인구가 빠르게 입성할지도 모를 일. 왜냐, 인생경험이 별로 없는 젊은인구는 거품을 폭등세로 오인할 수도 있기 때문이다. 빠른 속도로 가격이 오르다 보니 투자가치까지 넘보는 입장이다. 여전히 예비하우스 푸어모양새다. 31개 경기 기초자치단체는 경쟁가도를 달리고 있다. 라이벌 의식이 강하다. 인구 1,008,169명(2017.1월말 기준)이 넘은 용인이 고양, 수원에 이어 경기도 세 번째 100만 도시로 입성하여 그 존재가치가 높아지고 있다. 네 번째 100만 도시에 귀추가 주목되는 가운데 부천, 안산 등이 100만 명을 코앞에 두고 있다(1기 신도시 상존─중동신도시). 인구수준은 부천이 80만 명을 넘었고 안산은 70만 명을 넘은 상황이다. 그러나 부천, 안산보다 전체인구가 적지만 100만 도시에 먼저 도달할 수 있는 젊은도시 두 곳이 있다. 다름 아닌, 신동력 경제신도시를 자처하는 평택시와 화성시다. 인구증가속도가 빠르고 신성장 산업단지로 입성하는 고정인구와 경제인구가 급증하는 판국이라서다. 수많은 서울의 젊은인구가 부천이나 안산의 대도시보다 화성이나 평택을 선호하는 이유는, 높은 투자가치(잠재동력) 때문이다. 발전가능성이 높다. 저평가 된 상황이므로 가능한 말. 뉴 페이스에게 어울릴 만한 곳이 화성, 평택이다. 젊어지고 있는 화성, 평택엔 개발이슈가 다양하다. 고덕신도시와 평택항 배후신도시로 위상이 높아지는 평택, 그리고 새로운 주거지역으로 입장을 (새입지) 표명할 화성은 산업 및 관광의 요충지로서 진취적, 진보적인 곳이다. 2020년 서해안복선전철이 완성되면 이들 지역은 100만 도시가 될 수 있다고 본다. 폭증세의 젊은인구가 그 기준인 것이다.

젊어지는 지역의 특징 − 이슈거리가 다양하다(개발청사진). 젊은인구가 다양하다. 교통수단이 다양하다. 산업단지가 다양하다(일자리 창출이 수월하다).

늙어가는 지역의 특징(=오지지역의 특징) − 관광 및 녹지공간이 다양하다. 교통수단이 단순하다. 일자리와 고정인구가 태부족. 대신 귀농 및 귀촌(전원)인구가 증가한다.

늙지도, 젊어지지도 않는 지역의 특징 − 불변이다. 이슈거리가 전무하므로. 실수요공간으로서 존재감이 보일 뿐 큰 의미 없다. 불변이 지속하므로. 스스로, 수시로 이슈거리를 모색해야 할 지경이다.

젊은지역은 이슈화 통해 부동산 환금화 속도를 높인다. 속도를 지속하는 힘이 있기 때문이다.

경기 31개 지자체가 모두 다 젊은 건 아니다. 지방 대비 젊은 편이나, 양평, 가평, 연천 등 군단위의 인구 10만 안팎의 지자체는 결코, 젊은 공간이 될 수 없을 것이다. 인구증가세, 증감형태만 보면 실상을 설명, 재해석이 가능할 것이다. 최근까지만 해도, 서울특별시가 대한민국 전도를 대변했으나, 지금은 다르다. 경기도가 대한민국의 힘이다. 젊은인구 이동현상이 극에 달할 지경 아니랴. 대한민국 경기지표가 경기도인 양 부동산 경기판세가 경기도에 달려 있다고 해도 과언이 아니다. 서울의 빈 공간이 곧 경기지역으로의 이동일 터이니까. 갈수록 젊은인구가 늘고 교통인프라가 높아지는 상황 속에서 경기지역 힘은 날로 커지고 있다. 경기도의 지방 투자자들도 젊어지고 있다. 경기지역으로 적극 이동 중이다. 젊은공간을 활용, 응용한다. 실수요 겸 투자 목적으로 말이다. 더불어 젊은 집거지, 즉 하우스푸어가 날로 늘어날 판국.

경기지역의 젊은인구가 늘어날 수록 젊은 하우스푸어가 급증할 것이다. 그러나 하우스푸어가 늘어나면 인근 땅값은 오름세를 유지할 것이다. 하우스푸어가 반드시 미분양의 원흉은 아닐 것이다. 실수요 겸 투자 명분으로 움직이는 젊은인구가 늘어날 수 있기 때문이다. 전반적으로 대한민국 국민은 줄고 있으나, 경기도는 예외다. 기하급수적으로 증가할 것이다. 젊어짐으로 꾸준히 투자자가 증가할 것이다. 꾸준히 이어질 것이다. 오지인구는 기하급수적으로 감소하지만 경기지역만은 예외다. 다양한 인구가 몰리는 곳이 경기도다. 전원생활을 원하는 은퇴인구 역시 접근도 높은 곳을 선호할 테니까. 즉 다양한 인구의 이동이 예상된다. 경기도 화력을 무시할 수 없는 이유다.

경기도 광주 부동산가격과 강원도 인구

필자 생각엔, 경기도 광주 부동산가격이 상승곡선을 계속 그릴 수 있는 여건이 조성된다면 추후, 강원도 인구가 급증할 것으로 보인다.

지난 2016년 9월 개통한 경강선(여주선)의 존재성을 눈여겨보지 않을 수 없다. 신분당선 강남역에서 경기도 광주의 곤지암역까지 9정거장이다. 지하철 대기시간을 빼면 소요시간은 20분 정도다. 강남~여주간 공격적인 소통이 일어나는 것이다. 설령, 빨대현상이 벌어진다 해도 역 개통 효과는 역이 없는 상태와는 현격한 차이를 보일 수밖에 없다. 유동인구를 비롯해 젊은인구, 경제인구의 활동반경이 광대해질 수밖에 없기 때문이다. 대한민국에서 가장 유동인구가 많은 강남역과 그 주변 상황 때문이다. 부동산 1번지가 이곳 아닌가. 산업 및 상업, 업무 지역을 대표하는 곳이 강남역과 그 주변인 것이다. 강남권엔 30층 넘는 빌딩이 무려 300여개 포함되어 있다. 전국 최고수준이다. 특히 강남역과 역삼역, 그리고 분당선 환승역인 선릉역, 삼성역 등은 '역세권'의 연계성 발화지점으로 그 탄력은 강렬하다. 역 출입구마다 역 효과가 크다. 즉 놀고 있는 땅이 없는 곳이 이 지역인 것이다. 역세권 거리와 범위를 따로 정할 수 없기 때문이다. 역세권의 거리가 촘촘하다. 빈 공간이 없다. 강남역은 (경기도를 직접 연결하는) 수도권 광역버스를 연결하는 연계성의 화력이 강해 강남의 힘을 대변하고 강남불패신화를 보지 할수 있는 지역이다. 강남이 광주, 이천, 여주와 직접 연계되면서 젊은 서울주거인구가 대거 광주 등지로 이동할 가능성이 높다. 서울 전셋값과 월셋값은 미친 상태이기 때문이다. 회복기미가 전혀 보이지 않고 있다. 집주인들은 저금리 기조 속 월세만 부르짖고 있다. 부동산

가격 오름세가 불규칙적이고 불투명한 와중이라, 수익형부동산으로 기수를 공격적으로 돌리는 판국이다. 서울 소재 아파트 가격의 힘을 막을 길 없다. 이는 서울의 젊은세력의 경기지역으로 이동현상을 막을 길 없다는 의미일 터.

도자기 도시를 대표할 수 있는 광주, 이천, 여주는 수도권 오지로 규제의 온상이다. 문화재보호와 자연보호가 수도권정비계획법과 더불어, 이루어지는 지경이다. 중첩규제 때문에 몸살을 앓고 있는지라 인구증가세가 미약했다. 그러나 주거시설이 대거 입성할 것으로 예상되어 인구급증세는 가파를 것으로 내다보인다. 역시 경강선의 위력이다. 역 효과로 도자기 도시가 급변할 것이다. 광주의 거품현상으로 이천 부동산 가격이 들썩일 것이다. 이미 광주역 주변으로 아파트 분양가 거품이 주입되기 시작하여 이천 주거시설도 오름세를 탈 수 있다고 본다. 기회가 올 수 있다. 만약 이천 주거시설에도 거품이 발현한다면 옆의 여주 부동산들에게도 오를 수 있는 기회가 찾아올 수 있다. 여주 옆 강원도 원주의 힘은 여주 힘과 결부될 법하다(예-여주~원주를 잇는 연장 21.9km에 이르는 복선철도사업). 원주는 강원도에서 인구가 가장 많은 곳이다. 특히 기업 및 혁신도시가 거반 동시다발적으로 개발+형성되는 곳으로 유명세를 탄 지 꽤 오래다. 원주 거품은 수도권 거품과는 그 색깔이 다를 것이다. 여주선 거품현상은 500만 강원도민의 희망이 될 수도 있다고 본다. 강원도 인구가 늘어날 수 있는 기회다. 경강선과 경춘

선은 그 존재가치가 사뭇 달라서다.

여하튼 경강선 효과에 많은 이들이 기대하고 있다. 역사 2차 개발을 기다리고 있기 때문이다. 특히 에코세대들에겐 경강선이 큰 희망선이 될 것으로 보인다. 작은 가격으로 젊어서부터 전원생활과 도시생활을 동시에 할 수 있는 모토가 바로 강강선의 존재이므로. 젊은도시 판교신도시의 젊은인구가 인근 광주로 이전을 준비 중이다. 판교 집값 대비 광주 집값은 상대적으로 저렴해서다. 분당신도시 역시 마찬가지다. 다양한 인구가 분당집값거품에 지쳐 광주로의 이전을 준비해놓은 상황. 광주와 원주간 접근성이 높아지고 있다. 이미 경기도 광주시 초월읍에서 강원도 원주시 가현동을 잇는 제 2영동고속도로가 운행 중이지 않는가.

김현기가 추천하는 경기 및 충청권 10대 유망투자처

고덕국제신도시 조감도

01 │ 평택

오는 2020년 땅값이 지금보다 더 크게 오를 것으로 전망되는 데 그건 바로 서해안복선전철 안중역이 완공되고 같은 해 고덕국제신도시가 완성되기 때문이다. 특히 평택시가 갖는 고덕국제신도시에 관한 기대감은 몹시 높을 것이다. 개발규모만 무려 13,421,644제곱미터에 54,499세대가 입주할 예정이기 때문이다. 134,680명을 수용할 만한 규모다. 또한 평택~부여~익산민자고속도로(139km)가 오는 2022년 12월 완공 목표로 공사 중이다. 포승읍에서 전북 익산시 왕궁면를 달린다.

향남역 교각공사

02 │ 화성

평택의 영원한 지역라이벌인 화성 역시 서해안복선전철 공사로 인구유입에 대한 기대감이 증폭된 지역이다. 특히 서해선 중 가장 많은 3개 역사가 입성한다. 향남역사의 경우는 멀티역사로 발전할 것이다. 신분당 및 분당선이 연계되기 때문이다. 오는 2022년엔 송산그린시티가 입성하여 관광화성을 빛낸다. 그 규모만 55,860,000제곱미터다. 6만 세대가 들어서는 데 이는 150,000명을 수용할 수 있는 규모다. 그리고 봉담~송산고속도로(18.3km)가 2021년 완공된다. 봉담~팔탄~마도면을 경유한다.

03 광주

원주를 연결하는 제2영동고속로가 뚫리면서 지역연계성이 더욱 강화된 광주는 경강선 개통으로 전원생활과 도시생활을 함께 영위할 수 있는 여건이 깊게 조성된 상태다. 4개 역사가 입성하면서 인구가 급증세다. 인

제2영동고속도로 노선도

근 분당신도시와 판교신도시 주민들 중 젊은인구가 실수요 겸 투자목적으로 본격적으로 움직일 기세다. 경강선 덕에 서울과의 높은 접근성으로 서울인구 역시 이동 중이다.

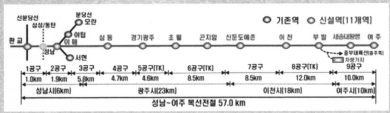

성남 여주간 복선전철 노선도

04 여주

인구규모가 광주의 3분의1 수준이지만 역세권 도시개발에선 앞선 지경이다. 능서역세권인 세종대왕릉역세권, 여주역세권 개발확정이 바로 그것. 구체적으로 잡힌 상황이다. 역사개발이 확정된 상태이므로 지역잠재력은 날로 높아 갈 것이다. 여주역세권 도시개발규모는 약48만 제곱미터. 이 안에 공동주택용지, 준주거 및 단독주택용지가 자리를 잡을 예정인데 주거시설엔 약7만 여명을 수용할 계획이다. 능서역세권 도시개발규모는 약23만 제곱미터. 그 안에 공동주택용지와 주거용지가 들어가는데 수용인구는 약2,500명이다. 세종대왕릉역 이용 주민의 접근성 향상과 능서면 일대 중심도시의 교통체증 해소를 위해 도시계획도로가 공사 중이다. 경기도 실시계획인가를 마치면 여주와 능서역세권 사업지구의 환지예정지 지정과 함께 공사의 첫 발을 내딛는다는 계획이다.

서울 김포 경전철(김포시-양촌면-김포공항역)

05 김포

한강신도시의 표상 김포는 경전철 (24km)이 완공되는 2018년 이후를 기대할 만하다. 한강시네폴리스개발 사업 및 김포학운 3일반산업단지에 어느 수위 지배 받을 만하기 때문에 하는 말. 늦어도 2020년에 모든 게 마무리 될 것이다. 꾸준한 인구증가세의 김포에 대한 잠재력은 '한강'을 모토로, 지역랜드마크로 지정한 만큼 클 것으로 보인다. 지난 1998년 시 승격 이후 인구증가세가 꾸준한 김포의 전체인구가 곧 40만 명에 이를 것으로 전망된다.

한국민속촌

06 용인

31개 경기 지자체 중 3번 째 100만 거대도시가 된 용인(2017년 현재 1,008,169명)의 힘은 비교적 안정적인 지역자립도의 유지일 것이다. 남성인구 대비 여성인구가 더 많은 용인의 재정자립도는 전국 평균재정자립도 (51.9%)를 훨씬 앞선다. 60% 수준이다. 토지이용 중복규제지역으로 성장관리권역, 자연보전권역, 팔당상수원특별대책지역으로 지정, 약속한 상황. 편리한 교통은 인구의 급증세를 불러온다. 경부고속도로와 영동고속도로(42.9km), 용인~서울간 고속도로(11.5km) 등 길 흐름이 양호하다. 10개의 IC와 JTC를 보유하고 있다. 기업체는 3,127업체, 대학교(원)는 12개교, 연수원은 43개소를 보유하고 있다. 전체인구 뿐 아니라 관광인구도 급증세. 한국민속촌엔 연간 130만 명이 방문하고 경전철 종착점인 에버랜드엔 연간 740만 명이 방문한다.

다산신도시 조감도

07 | 남양주

다산신도시, 양정역세권개발사업, 화도~양평고속도로사업, 진접선과 별내선 등 지역개발이슈가 다양한 남양주 역시 인구가 꾸준히 증가하는 신도시가 다양한 곳. 다산신도시 규모는 4,749,000제곱미터로 31,892

세대가 들어온다. 86,096명을 수용할 수 있는 규모다. 오는 2018년 6월 마무리할 예정이다. 양정역세권개발사업은 2,882,904제곱미터 규모로 개발하는 데 19,000세대가 들어선다. 수용인구는 48,000명 수준. 오는 2020년 완공 예정이다. 화도~양평고속도로사업 (17km)은 남양주 화도읍에서 양평군 옥천면 일대를 달린다. 진접선은 서울 당고개를 떠나 진접읍에 당도하는 길이 14.7km의 철도노선으로 오는 2019년 개발이 완성된다. 별내선은 강동구 암사동에서 별내면에 당도하는 길이 11.3km의 철도노선. 2018년 완공이다.

두물머리 전경

08 | 양평

물의 도시 양평은 장수시대에 적정한 곳. 역사만 9개역을 보유하고 있는 전원생활로 각광 받는 곳이다. 양평의 접근도를 보고 '전원생활도 투자'인 시대라고 언감생심 말할 수 있을 터. 경기도에서의 전원생활이 곧

접근성 높은 전원생활. 투자 겸 실수요가 가능하다.
양평은 기존 역 이외도 기대할 만한 노선이 생긴다. 수서~용문선(44km)은 강남 수서에서 양평 용문면에 이르며 오는 2020년 완공된다. 용문~춘천선(49km)은 춘천 근화동 일대에서 양평 용문면에 이르며 역시 2020년 완공될 예정이다. 양평~이천고속도로사업은 양평, 광주, 여주를 잇는 22km의 사업으로 2018년 완성된다.

당진항 조감도

09 | 당진

서해선복선전철에 입성할 합덕역세권에 관한 기대감이 큰 당진은 철(육지)의 도시이자 항(바다)의 도시. 당진항은 전국 최고 물동량 증가율을 자랑한다. 당진~천안고속도로사업(43km)에 천안시 동남구 풍세면에서 당진시 송악읍 일대를 연계한다. 오는 2020년 완공된다. 당진, 아산, 천안을 관통한다.

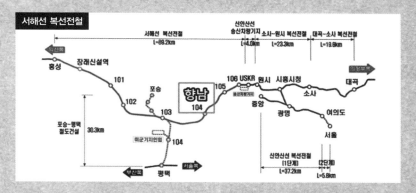

10 | 아산

1호선 신창역 등 4개 기존역이 운행 중인 아산 역시 서해선복전철 인주역이 들어간다. 인구수준은 경기도 광주 수준. 역시 꾸준한 인구증가세를 예상할 수 있는 접근성 높은 충청권. 장항선 신창~대야 복선전철사업(122km)은 아산시 신창면과 군사시 대야면을 잇는 사업으로 오는 2019년 완공될 예정이다. 서해산업선(79km)도 작은 기대를 할 만한 철도사업. 아산시 인주면에서 안동시 안흥동 일대를 달린다. 오는 2020년 완공된다.